立人天地

如何钓鱼
HOW TO CATCH A FISH

【新西兰】凯文·爱尔兰◎著

何方◎译

黑龙江出版集团
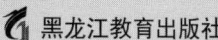
黑龙江教育出版社

版权登记号：08-2017-058

图书在版编目（CIP）数据

如何钓鱼 /（新西兰）凯文·爱尔兰著；何方译. -- 哈尔滨：黑龙江教育出版社，2017.4
（乐活）
ISBN 978-7-5316-9203-4

Ⅰ.①如… Ⅱ.①凯… ②何… Ⅲ.①钓鱼（文娱活动）- 基本知识 Ⅳ.① G897

中国版本图书馆 CIP 数据核字（2017）第 084152 号

How to Catch a Fish
copyright © Kevin Ireland 2004
First edition published in 2004 by Awa Press, 16 Walter Street, Wellington, New Zealand
Reprinted 2006
The simplified Chinese translation rights arranged through Rightol Media（本书中文简体版权经由锐拓传媒取得Email:copyright@rightol.com）
Simplified Chinese edition copyright © 2017 by Heilongjiang Educational Publishing House
ALL RIGHTS RESERVED

乐活：
LEHUO：

如何钓鱼
RUHE DIAOYU

作　　者	[新西兰]凯文·爱尔兰
译　　者	何　方
选题策划	吴　迪
责任编辑	宋舒白　郝雅丽
装帧设计	Amber Design 琥珀视觉
责任校对	张爱华
营销推广	李珊慧

出版发行	黑龙江教育出版社（哈尔滨市南岗区花园街 158 号）
印　　刷	北京鹏润伟业印刷有限公司
新浪微博	http://weibo.com/longjiaoshe
公众微信	heilongjiangjiaoyu
天 猫 店	https://hljjycbsts.tmall.com
E－mail	heilongjiangjiaoyu@126.com
电　　话	010—64187564

开　　本	880×1230　1/32
印　　张	5.75
字　　数	69千
版　　次	2017年6月第1版　2017年6月第1次印刷
书　　号	ISBN 978-7-5316-9203-4
定　　价	32.00元

目　录
contents

前言　　　　　　　　　　　　001

警告　　　　　　　　　　　　001
钓鱼的原因　　　　　　　　　005
那么，你又是如何喜欢上钓鱼的?　013
最好的学习方法　　　　　　　023
正确的方法　　　　　　　　　029
寻找符号标识　　　　　　　　041
传说和迷信　　　　　　　　　049
捕鱼的僧侣　　　　　　　　　055
"钩"（angul）一词的发展由来　063
关于集合名词　　　　　　　　073
富足的生活　　　　　　　　　081
一般事项　　　　　　　　　　089
鱼竿　　　　　　　　　　　　095
绕线轴、鱼线和鱼钩　　　　　103

打结	113
穿着得体	119
欺骗旅游者	127
抛线	135
来自琼斯少校池塘的教训	145
如何钓鱼,讲真	151
投钓和拖钓	159
最后的思考	169

前言

本书开始于奥塔哥溪拳击者和飞翔的渔夫俱乐部的一次谈话，直接源于该地区几个最好的垂钓者的一些耐心的忠告和事例。我要特别感谢哲学家约翰·迪安、学者瑞克·博贝尔、业务主管杜格尔·里尔斯通、作家布莱恩·特纳以及飞行员戴夫·布莱恩所给予的耐心的帮助。不管是我丢了鱼还是几次不慎掉进河里，他们都不应负任何责任的。

我还要对所有过去和现在写过有关鱼和钓鱼之类主题的作家表示衷心的感谢。甚至还有一些人，他们的信息、态度、平庸的经历以及枯燥的散文曾逼得我借酒浇愁，但他们的初衷也是好的。

凯文·爱尔兰

2005年3月

警告

像许多很普通垂钓者一样，我时常认为清楚自己在说些什么。这其实是一种错误的观点。但同时我也是一位作家，因此我并不打算就此停止。为了好好谈论褐鳟、虹鳟鱼，我也需要好好权衡自己所说的话。这或许也是我所犯的错误，但正是钓鱼这件事吸引着我，并且是我最钟爱的水上娱乐项目。这倒并不是觉得钓鱼要比其他方式的捕鱼略胜一筹，虽然这是事实，而且我也屡次提及。只是我并不在意表面上的公平与否，我在意的只是如何抓到这些鱼。

我所认识的那些人，无论男女，都有各种各样他们惯用的钓鱼方法。他们致力于钓鱼和捕鱼业，无法抑制地热爱。当谈论起像中世纪修道院的排水

How to Catch a fish 如何钓鱼

渠那样稀奇古怪的主题,他们并不是出于宗教或建筑的热爱,虽然他们可能崇拜或沉迷于这些事情。事实并非如此,他们想知道僧人如何抓鱼,以及抓鱼这项活动是如何影响他们周边的河流的。

同样,他们想知道毛利人用什么方法捕到足够的鱼来满足众人的需求的,他们还想知道1 000年以前的中国人是如何看待捕鱼这件事的,满月对鲱鱼和鲨鱼这两种鱼类性情可能产生的影响,以及明早的天气如何。他们对所有会游的东西都有一种普遍的迷恋,尤其是那长有鳞片的物种——除了法官。①

---

① 原文中 scale 有"鳞片"和"天平"两种意思。

钓鱼的原因

若你曾犯过钓鱼瘾,那么你需要知道的第一件事就是:别去钓鱼。在做出任何疯狂的举动之前,你应该去当地的鱼店买一条鲷鱼或者比目鱼抑或鲑鱼,或者到离你最近的杂货店买一袋各种口味的金枪鱼和沙丁油鱼罐头。捕鱼瘾很快就会消失,这样你就无须全副武装,劳驾自己跑到偏远的地方,冒着弄湿双脚,得重感冒的风险和面对两手空空地回来所带来的屈辱。买鱼这种方法是绝对安全的,它快速、干净、直截了当、花费较低,是明智之举。

凡是头脑正常的人都不会去钓鱼,除非他们有自己的渔船或者想要靠卖鱼挣钱。但关于第二点人人须知的是:参加一些荒唐的活动本身就是一种奖赏。理智的活动经常与我们称为"现实"的日常生活有关。若我们仔细观察这些现实，便会发现它们和那些成千上万个漫无目的、毫无意义或是想象中的礼仪、压力和事业别无二致，都会实实在在地影响到我们的生活，而捕鱼则能让我们成功逃离这些。

这并不意味着钓鱼纯粹是为了逃避现实，或是一项与工作无关的事。钓鱼往往需要做许多准备工作，如地点的选择，计划和目标的制定，捕鱼可以让你专注于体力活动，激发大脑去思考并且充分调动所有感官。

然而，必须面对的一点是，无论做了多大努力，若除了一条鱼线和一个鱼钩，你什么其他装置都不带的就去了一片很偏远的海域、湖泊或者小溪，花费几个小时、几天抑或几个月，试图用智谋捕捉到一种生物，尽管这种生物的大脑往往还没有豌豆大，只能生存于我们那野心勃勃的祖先亿万年前为了吸一肺真正的空气而从中爬出的液体环境，这也还是太不可思议了。

对于那些头脑冷静的人来说，捕捉某些特定类型的鱼似乎更加奇怪，对于他们来说捕捉大部分难以捉摸的鱼成本太高，这些鱼只是被钓到、拿上岸、被人赞赏一下，然后就被放回水中，让它们游走。这些鱼很少是被钓上来吃的。现在已经鲜少见到巨大的灰鲸鲨和条纹金枪鱼被吊死在码头尽头的桶架上，或者巨型鳟鱼被一种人称"牧师"的致命加重棍棒敲击头部致死的现象也已不再常见。对于数量庞大且越来越多的渔夫和渔妇来说，钓鱼的战利品都存在于记忆中，或者照片中，或者根本没人见过。被钓上的鱼儿从哪里来，最终会回到哪里去。

既然如此的话，为什么还要钓鱼呢？自从有人意识到钓鱼并不是只有在你感到饥饿时才去做的事情，关于捕鱼这一主题便涌现出大量文学作品

How to Catch a fish 如何钓鱼

（不仅仅是英语）并且逐渐增多，原因各种各样，如对野生动物和昆虫的兴趣，运动、艺术、冒险、放松、好奇和人类智慧的体现，对大海和乡村风光的向往，享受人生乐趣，对独处的回馈以及许多其他各式各样的解释和理由。

然而，这些也可能只是其中的部分原因。持久的动力必定源于内心深处，一个人能有多顽强、有多大的自制力就越能体味到五味陈杂的快乐和神奇的满足感。最后一个合理的原因就是成功的感觉。

尽管钓鱼的巨大满足来自获得战利品以及在与一个通过鳃呼吸的生物打斗中获胜，但是只身处水面上亦可体味此种经历的本质。只有年轻的渔夫或者新手才会在晚上返回时因两手空空而感到压力山大。曾经有几次，我要么没见着鱼，要么就是被鱼彻底打败，但我却觉得那是我人生中最美妙的时光之一。

钓鱼给我带来的满足感往往来自：小溪蜿蜒寻

路入河发出的潺潺声,越过山巅丛林的云卷云舒,风掠过柳林的沙沙声,雄鹰侧身在山谷中滑翔的雄姿,泥土的芬芳,石头和草地的触感,对小乐趣的期待,在绿色河岸的山谷里享受三明治发出的强烈味道,一次偶然交谈的乐趣,鱼线松落时的直觉,随后便是分享胜利的喜悦,全身心的投入所带来的疲惫,除此之外别无他求——一顿饱餐、一两杯红酒、一次闲聊以及和朋友围在火堆旁时的欢声笑语。

钓鱼的原因和所求因人而异、各种各样。如果你问他们钓鱼的动机是什么,那些将自己大部分业余时间拿来挂竿和甩钩的人往往用一个回避性的微笑或耸肩来回答这一直接的问题。

对于大部分人来说,真正的答案简单明了:他们沉迷于钓鱼。他们控制不了自己,他们无法解释痴迷于钓鱼的原因,如同无法解释人为什么需要呼吸一样。被迫无奈之时,他们时常会产生一种普遍的迷信心理：老天会将他们在捕鱼上面花费的每一分钟添加到他们在地球上获得的时间总和之中。换句话说，他们相信，若能拥有一条船、一根鱼竿，在一片大海上或是河岸边度过一生，他们便能获得永生。

作为最后一招，钓鱼爱好者们有时会搬出《垂钓大全》（*The Compleat Angler*）（17世纪文学名著之一）的英国作者艾萨克·沃尔顿（Izaak Walton）的老生常谈。沃尔顿引用他的钓友亨利·沃顿（Henry Wotton）爵士在向他人解释时所用的话，钓鱼"是他的业余工作"，并非虚度光阴……而是放空思想、鼓舞精神、转移悲伤、安抚思绪、缓和情绪、知足常乐；钓鱼会使人平和，使人有耐心，这些优点只有在不断的练习中才能慢慢体会。

BIG CATCH

那么，你又是如何喜欢上钓鱼的？

对于喜爱钓鱼的原因,往往来自直接正面或负面的影响。在和我有过交流的钓鱼爱好者中,无论男女,有90%以上的人会赞同这种说法,即他们之所以沉迷垂钓,是因为受到同他们有着亲密关系的人的积极鼓励,通常是来自他们的父亲或者母亲,抑或是双亲。在剩下10%的人中,其中大部分可能有着相反的原因:他们发现捕鱼是对抗冷漠或者彻底反抗那些想要控制他们的人的一种方式。基因并没有什么影响,钓鱼的冲动几乎总是源于偶然。一天,一个朋友提起他或她打算去钓鱼,你可能只是想要随行去观看——随后你便发现自己又迷恋上了一件新的事物。

我钓鱼的冲动是直接受父亲的影响。他是一位

如何钓鱼

特别优秀的渔夫,和他在捕鱼上下的功夫相比,我就显得太微不足道了,自少年时代起,他便在奥克兰海港捕鱼,战绩辉煌。直到晚年,他才开始钓淡水鱼。但是,在他开始钓淡水鱼时,却走了技术流的捷径,买了根短粗的路亚竿,简单粗暴地将金属匙子和假饵抛给肥硕的鳟鱼,收获惊人。我只能用我以钓鱼为乐这种想法来安慰自己,而他是一位捕猎者,纯粹而又简单。对他来说,除非有时用作肥料或鱼饵,无论是什么品种的鱼,要么是能吃的,要么根本不值得浪费他的注意力或时间。一个有着如此强的功利观念的人根本不配得到如此超级丰富的自然馈赠,但是往往是年老的狩猎者带着所有的奖品安然脱身,可他们的儿子却赧颜一无所获。

即使都是钓鱼盲,都坐在同一条船上,使用相同的渔具和诱饵,但因受天地所祚,有些人却能钓到更多的鱼,这真够奇怪。定期划着一艘近海小艇等鱼上钩,没有哪个例子比这更能体现狩猎天性和诡计的分配不均。不同的人每天钓的鱼的数量不同，但总体模式总是在不断发展，有的人钓的鱼总能比其他人更大更多。如果绝对平等的概念主导着你的性情和思维，如果你一直保有一种希望，即万物皆平等，那我会建议你买一副扑克牌，在家玩纸牌接龙——永远都不要去钓鱼。

父亲给我上了第一堂课，是钓鱼带来的无与伦比的回报和欢乐。他是一个不讲情面的人，做事一板一眼，毫不变通。从小到大，我似乎都无法理解他的许多观点和行为。但现如今，对于已至耄耋之年的我来说，已经能够学会做出让步，能够理解他所遵循的那套实用主义的规则与价值观，因为那是基于世界大战和经济大萧条所带来的痛苦经历所形成的；能够理解正是他所遵循的那套人生准则才能使他以及整个家庭过上安定、衣食无忧的生活。

我和弟弟妹妹们的大部分童年时光都是与父亲在塔卡普纳度过的，在那里，我们时常将小艇停靠

如何钓鱼
How to Catch a fish

在船坞内或者邻居家的草坪上,现在回想起来,那是我和父亲最为亲密的一段时光,他会在早上4点钟将我摇醒,将一杯热茶递到我手里,为了不吵醒其他人,他会低声对我说,"快点下床。黎明时分,我们将抓到一船的鱼。"

于是,我便爬下床,悄悄地穿上衣服,然后蹑手蹑脚地走出房子,帮父亲把鱼线、诱饵、船锚以及绞船索装在手推车上。天依旧没亮,我拿着桨,父亲推着手推车,我们便一同沿着街道出发去往海滩。很快,我们就拖着小艇,穿过沙滩,去往我们最喜欢的地方,有时会像黑色的老浮标一样遥远。

就在日出之前,黎明漂白了天空,没有一丝微风,万籁俱静,好似全世界都屏住了呼吸,竭尽全力将太阳推到朗伊托托岛的顶点。蓝色便随之出现,一道低熔的金色光芒将沿着地平线蔓延,随后逐渐膨胀开来,形成一个令人眩目的泡沫,突然急急飘向天空。

父亲和儿子之间,所有的东西都无须用言语表达,这些不言而喻的时刻使父子之间显得更加有默契,无须多言,便能感受到对方内心的爱。过了半个世纪,我才能够认同在和父亲上百次的钓鱼中他那些一成不变的方式。从这些谜一般不断重复的简单的场景中,我写了一首自己称为《父亲》的诗:

父亲遵照准则生活
若在黎明时分出海
鱼儿便会排队上钩.

将麻袋填满并不是唯一规则
更为美妙之处在于,快乐
在阳光下舒展开来、读书

头靠船首
趾牵鱼线,单脚晃动

How to 如何钓鱼
Catch a fish

身在船上,别无出路

为了获得食物。他正是为此而努力。如若
刮起大风,他的双手便满是水泡,
浑身湿透,浪花四溅

鱼儿便更加美味。这是完美生活中
无情的一部分。如同清洗战利品
在海滩上将内脏抛向

海鸥。这是它们的那份儿,它们应得的。
除了鱼肝和鱼卵,这是我们的。
我们首先将其去皮,切成薄片,

用黄油煎十秒钟,不多不少
快速翻转,随后将其倒在热土司上。
一个带来好运和保护的仪式

对于钓鱼这件事情
你永远无法无视做事的准则——
大海没有给自由思想留下余地

打破规则便是死路一条。我无法
逃脱这种境遇。也没有忘记,
如何回家,老爹会倒一点

马德拉白葡萄酒,促进血液循环。
这样一位适度饮酒者,
在每天早上喝上一点烈酒

总会令我惊讶。
也许这是他的工作,
如同钓鱼的美妙之处——是对遵守规则的一
种补偿。

当时不以为意,

但最终能够享受它带来的好处。

我们父亲的存在是为了维护这些准则,而不是赋予其意义。

最好的学习方法

学习钓鱼的最好方法是长大后再去做。有些人在学习任何手艺或技能时总比别人学的更快更好,但经验很重要,只要有耐心、决心并且投入时间和精力,人人都能够成为擅长钓鱼的人。

需要记住的一件事是在第一次钓鱼时,我们都是平等的。精明的老艾萨克·沃顿这样说道:"正如没人是天生的艺术家一样,也没有人是天生的垂钓者。"40年前,我和我的朋友尼尔·佩雷特应邀从伦敦去往坐落在爱尔兰西部科里布湖岸边的乌克特拉德。尼尔和我在朗伊托托海峡附近的海滩长大,我们自认是有经验的海水渔夫。我俩从未在淡水里钓过鱼。事实上,出于一些荒谬透顶的原因,我们有点看不上在淡水里钓鱼。我俩很幼稚地认为这完全就是胡扯——钓上来的鱼都填不满一口锅,根据父亲们灌输给我们的实践经验,这才是钓鱼的真正目的。

然而,当真正来到一望无际且闻名遐迩的爱尔兰湖上捕鱼时,我们已经战胜了偏见。我们买了一对便宜的鱼竿、带有100米长细线的纺车型卷线器,以及一些鱼形金属诱饵。我之后再来解释这些装置的专门术语,但目前的关键是我们已经准备就绪,装备虽然简陋,但也足以开始我们的第一次钓鱼之旅。

由于我们的无知,没有那么幸运、令人满意、富有成果的事情发生——这是我们在第一天出发到科里布湖屠杀传说中的鳟鱼时根本没有考虑到的因素。以我们海洋钓鱼的经验,若你想要捕到能吃的鱼,比如鲷鱼、鲂鱼、蓝鳕鱼,便挑选一个合适的的地点,在鱼钩上装上诱饵,在船的一侧放下鱼线,等着那些路过的傻鱼上钩。小时候,海洋里到处都是鱼，我们从未空手而归——即使是在冬天，钓鱼的欲望有时也能将我们吸引到寒冷、波涛汹涌的大海之上。

遇到这些狡猾的爱尔兰生物，事情就大不相同了。首先，我们不知道它们可能会在哪里出现。其次，也是最关键的，我们之前从未用过这种鱼竿。我们小时候钓鱼时，只有弗拉什·哈里斯可以买得起一个专门的钓鱼竿。我们一直用的都是自己制作的手钓，我们拥有的唯一的鱼竿是简易的竹竿，我们会将竹竿带到码头，或者在礁石的岩石上抛出一条轻便的钓鱼线，这样便能钓到绿鳍鱼和鲱鱼了。我们知道的唯一的辅助物是系在线上的鱼漂，用来提醒鱼儿咬钩了。

这些新的鱼竿或许并不是那么精致，但总比什么都没有要好。抛出金属诱饵形成的弧线状对我俩来说都是一种危险，但是对任何一条经过的鱼都没有杀伤力，控制鱼线的手柄用起来比较复杂，马雷什的渔网把我们的线缠在了一起，导致我们买的单丝有一半都废掉了。

最后，一位被我们逗乐了的德国人路过这里时问我们，之前是否用过纺车型卷线器。我们承认对此一无所知，他向我们解释了这个机制是如何作用于鱼竿和鱼线的——这些因素之间的联系并不像它们看起来的那样明显。我们无功而返，但至少我们学会了如何在不损坏装置或严重伤害到自己和周围人的情况下抛掷鱼饵。

我们还完成了极其重要的第一步，在异乡的一个偏远地区进行了一次尝试，在这个我们完全不知道的地方，只不过是在一位德国旁观者面前，我们或许成了十足的白痴。

正确的方法

有时渔民会陷入某种异端情绪,认为他们的精神和思想与被捕捉的那些高超又难以琢磨的生物同在,这种信念在一定程度上能给人带来自我满足,甚至能让人加倍努力——这有些类似于我们的祖先借助神奇的祈福仪式以求狩猎顺利的心态——但这并没有事实根据。我们可以通过观察去了解,对鱼类的某些自然习性做出某种程度的预测,比如褐鳟,再将针对不同的习性采用各种奇妙的诱捕装饰物,但也就只能做到这儿了。

还有一点也很重要,就是这种预测无法反向成立。垂钓者有时会对此类问题非常感兴趣,即鳟鱼是否有能力辨别有人要来抓它了从而提高警惕。但是,鳟鱼是无法通过跳跳祭祀舞蹈或颂唱"避渔"

圣歌来逃避被捕捉的危险的。然而我常常听到外出钓鱼的人认真地说："我不知道该怎样解释，但是鱼儿肯定猜到我要来了。没人来这儿钓过鱼，水里一直都是有鱼的，但今天连个鱼影都没有。"即使不去理会这样的废话，也已经有了很多类似"如何在最接近鳟鱼的地方抛竿"之类的迷信。在这种情况下，转移话题是唯一明智的做法。

智人（Homo sapiens）和鱼类是有着极大区别的，比如说，鳟鱼以及鲑鱼又被称为七彩鳟鱼，于1987年被重新归类为虹鳟，一个更加时髦的名字，正确地将彩虹和大西洋鲑鱼，而非其他种类的鲑鳟鱼联系在一起。

但是其中两个较为独特神秘的本质区别是那些我所认识的渔夫都没有观察到的。第一，鱼儿们并没有我们称为"运动"这一活动的概念，也绝对没有和我们一起玩儿的欲望。第二，也是更加重要的一点——我们生活在空气中，而它们生活在水里，所以绝无可能尝试进行任何有效的沟通。我深深爱着许多鱼类的魅力、风格和大致的性情（其他人则带有恐惧感的欣赏），并且为之倾倒，但这种爱只是我单方面的，仅此而已。

我曾在一首叫作《鱼之歌》的诗中发现人、鱼之间的障碍是永远存在的：

尽管猫和狗

山羊和驴

昼夜不停地吸入阵阵空气

但鲈鱼和鳕鱼

吸入的是大量的盐

也并没有什么不对

对于人兽而言

一股股空气

是自然秩序

但是，对鳟鱼而言
吸入和呼出的
是液体物质

清除了那些反对意见，我要冒着被人嫌弃的风险将一个不知道从哪里听来的故事复述一遍。这个故事是关于一位在新英格兰边远地区做巡回演讲的美国教授。一天晚上，在一个成功的演讲结束后，教授来到酒吧稍稍放松一下。最后他觉得自己有足够的信心将谈话转向令人愉悦的非专业领域，他觉得自己也懂点这些领域的知识。换句话说，他渴望把到妹子，享受一下休闲时光，因此他嗓音嘶哑地问道："好了，朋友们，这里有什么好玩的吗？"

酒吧突然安静下来，里面的人偷偷相互对视了一阵。他们中的一名男子，显然是村里的流氓头头,默默地点了点头,其他人一个接着一个假装随意地走出酒吧,来到外面。那位著名的美国教授也随着他们一起走出去。他们静静地示意教授坐上汽车,汽车很快便消失在夜色中。

过了一刻钟,汽车从高速公路上下来,驶上一条土路,最终停在了一条缓缓流淌的小溪旁,溪水在汽车前灯的照耀下泛着银色的光。他们下了车,蹑手蹑脚地来到小溪旁,然后几个人跪了下来,将手伸向水里。原来,这里是他们非法捕捉鳟鱼的地方。

我也曾经有过一次类似的惊险刺激的经历(对于人和鱼而言都是如此),偷偷地爬上河岸,将手悄悄地伸到鱼的肚皮下,轻轻地挠痒痒,但是这个关于教授的故事还包含了许多其他的信息——有关乡村生活、美国式的幽默、某类专业学者、各种各样的犯罪活动以及人类各种稀奇古怪的期望,我们有时将因理解偏差而产生的巨大分歧视为文化鸿沟,甚至那些毫无疑问使用同一种语言的人之间也常常产生简单的误解,等等。

　　这个故事同时也暗示了那些因痴迷于各式各样鳟鱼而备受煎熬的人内心深处黑暗和阴险的东西。若你真的希望捉鱼的话,首先应该权衡可能的后果,认识到这种强烈渴望的煎熬对于人类影响是最持久且无法抗拒的。

　　如同只有极少数可以戒除其他上瘾症状一样,你很少能遇到严重痴迷钓鱼的人可以自发主动、心甘情愿地轻易戒掉这个瘾头,可以当爱好钓鱼这件事从未发生过。这些为数稀少的成功戒掉"钓瘾"的"前受害者"身上几乎总会发生一些改变,他们日后行为的缺失,抑或是对放弃他们过去爱好的一种令人难以置信的过分补偿。

　　确实,大多数可以成功地为自己放弃钓鱼而找到借口的人通常可以归结为两类。第一类是体弱多病或有疾病的人。鳟鱼成瘾者可能因为身体上的原因而不能到岸边去——尽管这借口会招来严重的抗议，因为我们都知道会有人不顾身体上最严重的伤，或者心脏病，抑或是因年老而带来的恶性疾病，固执地涉入危险的水域，追逐他们的猎物，就像所有一心一意爱慕着路旁奶品冷饮点心铺的柜台女孩的肉店伙计一样。

放弃的第二个原因难以描述，因为它完全和最强烈、有时是最隐秘的、精神上的或者心理上的疾病相关，或者是一些渗透到人格中的有害物质相关，这些物质会腐蚀或破坏信仰系统，比如，自信、抱负和对自我价值的感知。这就像中世纪传奇小说中描述的那样，失去了纯真，找不到自我价值：骑士配不上他的剑，钓鱼者配不上他的鱼竿。这种疾病只有通过长时间的祈祷或忏悔，经历考验和折磨，有时还得通过魔法才能得到治愈。

纯真是一种古怪的状态，我们对它的感觉已不再像维多利亚时代的先辈们所感觉的那样。虽然有点矛盾，但他们对该词的意思和所影射的含义有着非常简单的理解。例如，人们普遍认为，尽管每个婴儿来到这个由人类的原始堕落组成的世界，但每个新生的婴儿都会得到祝福，过上一种天真烂漫的生活。这种天真随后会消失在知识中，知识带来罪恶。

然而，不幸的是西格蒙德·弗洛伊德否定了这一切，他告诉我们婴儿和孩子不仅不是天真的小无辜，而且充满了欲望，沉溺于所有维多利亚时期的道德家都谴责为最严重的堕落的活动中。顺便说一下，我有一段时间认为1929年应该被官方定为所有流行多年的有关年轻纯真的维多利亚时代神话的消亡之年。随后理查德·休斯发表了他的长篇小说《牙买加的风》（*A High Wind in Jamaica*），小说是关于一船海盗和他们所俘获的孩子们之间奇怪的关系的故事。海盗们饶了孩子们的性命，和孩子们分享了自己的秘密，最后给他们自己带来了灾难性的后果，但是对孩子们却没有什么影响，对于任何没有看过这本书的人来说，它还是一本特别邪恶，带有喜剧色彩，令人震惊的书。

在我看来，现今我们有时倾向于将纯真定义为缺乏或者缺失，而不是一种积极的品质——一种不良的缺陷而不是纯洁的存在。

这种看法完全将我带向另外一个探究的世界。

FISHING TACKLE

寻找符号标识

然后我发现渔夫和渔妇都具备一种称为纯真的特征——天真的丢失就像游侠骑士①遭遇了致命的道德失范——我所说的是关于我在科里布湖海岸所遇到的一位老人的一句简短的评论。他在那里使用一种将鱼饵轻点水面的钓鱼法(在适当的时候我会对此进行介绍的)。我们讨论了主导天气情况和鱼的性情等诸如此类的事情,就像那些在同一片水域垂钓的人一样闲聊以打发时间。

这是一位彬彬有礼的人,他邀请我乘他的船到湖上,还特意教我如何使用鱼钓法,他发觉钓鱼的

---

① 游侠骑士(knight-errant):漫无目的浪游四方,寻求冒险,以显示武功、勇敢、宽仁侠义的人。

如何钓鱼 How to Catch a fish

乐趣之一就是,一生都在和鳟鱼周旋,他从来没遇到过一个一无是处的钓鱼者。

他宣称:"这是一种优雅的状态。"

我得承认,直到我亲眼目睹那些发生在我们几条最好的河流上的事例时,我还一直将这句话当成最好的垂钓格言,这类事例虽然少见,但数量却在不断增长,其中为了带来商业利润的粗恶之行为令人震惊。托马斯·麦瓜恩,这位伟大的美国现代作家在描述那些"用先发制人的方式称自己为流浪者、吸毒者和疯子"的垂钓者是如何发展壮大时,我花了不少时间才接受他在重要渔业方面颇具洞察力的看法。这都是些野蛮的掠夺者,他们借口追随渔汛,在他们暂时居住的"结实的鱼营地"举行一年一次的礼仪之旅,却从未像真正的钓鱼爱好者那样,停下脚步看看空中飞翔中的鸟儿,闻一闻花香,或者遇见河水顺着岩石蜿蜒而下时,也从未驻足欣赏它的姿态。

如今对于有些地方，我再也没有欲望涉足那里去钓鱼了。当我从那些地方经过时，一句老格言的新版本总是不经意地脱口而出。从前，在遥远的爱尔兰西部，每一位孩子在结束他们的睡前祷告时，总会真诚地请求他们能够脱离无情、残忍的部落野蛮人那可怕的魔掌，那些野蛮人曾经占据着所有的土地、植物、鱼、禽、兽，通过矗立在科里布湖河岸高大的石塔上的鹰眼监视着人们，控制着他们的灵魂。这些无赖被称为奥弗莱厄蒂（O'Flahertys），当地的孩子会说"愿上帝拯救我脱离奥弗莱厄蒂的怒火"，我将其改为"愿受旧习俗的恩泽，解救我脱离流浪者、吸毒者和疯子那痴迷的贪婪"。

提到诅咒和祈祷，有趣的是钓鱼一直以来都被人们用作各种消遣和激情的暗喻，如沽名钓誉、打探消息、浑水摸鱼和收集灵魂[①]。打捞锚（fishing an

---

① 收集灵魂（Fishing for souls）：基督教的一个信徒聚集了20个信徒，这20个信徒原来是渔夫，但是基督赋予他们钓其他东西的能力。

anchor）是最为古怪的东西之一，因为它指的是通过将锚爪提升到船舷墙之上来保证船在大海中航行时锚的安全。显然，这个过程有点像升起一个挂钩，而事实上，锚也常常被称作"钩子"。

渔人权戒①是这些常用表达中的另外一个。这枚诠释圣彼得听从他作为渔夫的内心呼唤的戒指，会作为印章，被赠予每一位被推选出的教皇，并将在这位教皇逝世时，正式地变成碎片。有趣的是，在十字架变成基督教徒饱受折磨的象征之前，他们集会时会以鱼类的名称和鱼形风格作为标志。但是这种和鱼以及钓鱼之间的联系并非直接源于基督教对门徒的禁令——跟随他并成为"十二门徒"，而是源于一个更加离奇的联系。

新教会的第一种译入语和书面语言并不是拉丁

---

① 渔人权戒（Ring of the Fisherman），亦称 Piscatory Ring，AnnulusPiscatoris（拉丁语）以及 Pescatorio（意大利语），是教皇佩戴的王位标志的一个正式组成部分。

语而是希腊语。实际上,或许对于任何书籍来说,首次专业的翻译都是《旧约全书》的希腊文译本,被称为《旧约圣经》。该翻译是在公元前3世纪由70多名经官方授权的译者完成的,翻译的目的并非要说服人们改变宗教信仰,而是因为居住在亚历山大港的犹太人说希腊语——整个历史上的最大规模的移民——和希伯来人的往来正逐渐减少,因此他们需要希腊语文本的圣经,希腊语最终成了他们的母语。

值得一提的是公元1世纪,亚历山大虔诚的古犹太神秘主义哲学家斐洛,断言希伯来语《旧约全书》的希腊语版本保持了上帝之道的的廉洁,因为尽管译者们分工翻译,但对文本进行比较时,他们发现各个部分完全吻合。根据斐洛所说,相关措辞如此神奇,根本无须语言学家去相互窥探比对。

接下来要对之前的问题给出解释。鱼(我们理解为耶稣鱼和鱼状动物)在希腊语中是耶稣基督的意思,这给早期的基督徒带来了最有价值的口令,因为它是"耶稣基督,上帝的儿子,救世主"的希腊首字母缩略词。基督耶稣(Ichthus)出现在各种各样的纪念碑、铭文和小涂鸦上,使得当时的思想警察(镇压思想自由)大为恼怒,因为有可能去禁止一个写有"基督"(Christ)的标识,但绝对不可能说类似"鱼"(fish)这样的词是违法的。

这种西方关于鱼或钓鱼和宗教之间联系的便宜借口或许是有用的,因为在目前的新西兰小型反钓游说壮大之前,我们这些渔夫需要尽可能地获得公众的支持。这些游说活动很有可能会壮大起来,因为,根据我的人生经验来说,若有任何狂热分子相信有可能阻挠其他人获得快乐,很快就会有一个活跃的组织建立起来,试图去做到这一点,同时伴有巨大的偏见、胡说八道的科学、混乱的专利、疯狂的恐吓以及愚蠢的暴力。

传说和迷信

鱼是美味的,不管是生的还是熟的,对身体都有好处。自打人类居住在新西兰时,鱼以及钓鱼的传说便对人类起着至关重要的作用。新西兰第一位伟大的渔夫是波利尼西亚一位叫作毛伊(Maui)的半神。毛伊用一个魔法鱼钩将(新西兰)北岛给拖了起来(自此,该岛便被称为毛伊之鱼——毛伊岛),于是他的人类兄弟们便迫不及待地在这丰饶的庞然大物上肆意掠夺,导致其目前这种被侵蚀的满目疮痍的状态。

随着恐鸟数量的减少,毛利人饮食中的蛋白质来源便主要依靠大海、湖泊和河流:鱼对于他们能成功在一个国家定居下来起着至关重要的作用。在沿海居住的毛利人直接依赖于鱼类和贝类,内陆部落则经常前往他们所喜爱的海边钓点捕获大量的鳗鱼和鳟鱼（由于他们的大量消耗，现已灭绝）以作补充。

他们对鱼的热情持续不减。记得我小时候很为自己能受邀到毛利邻居家观看鳗鱼而感到自豪，那些鳗鱼在浴缸内不断地扭动着。有3个浴缸都装满了鳗鱼，大部分都有40—60厘米长。直到如今，我们时常还能见到一群满怀热望的毛利人顺着小溪里往上游走去，用手将鳗鱼从洞内拽出来，然后扔到河岸上等着被收走。

然而在过去，毛利人使用的更为常见的捕鱼方法是设陷阱、使用鱼线或网。陷阱有时错综复杂，由结实而又柔韧的藤蔓制成，有时是用最有用的亚麻植物制作而成，这些陷阱设在河流和小溪中。鱼线则主要被用于在大海中的岩石和独木舟上钓鱼，鱼钩一般由骨头（包括人骨）、树木、石头或有光泽的贝壳制成。渔网的设计多样，尺寸不一，有些更是长度惊人。1769年,约瑟夫·班克斯(Joseph Banks)曾记录说有一些渔网大约有1 000米长,9米深,需要几百号人才能将其拖上海滩。

但是最能引起谈话兴趣的话题是毛利人的钓鱼历法。这是一种系统化的尝试,在一段时间内若有人毫无收获也不会引起争端:即使大体的条件或多或少是相似的,在某些日子捕鱼一定比其他日子更有成效。

该历法是有一定的理论基础的,这种说法声称受月相影响的特定的潮汐似乎对海上捕鱼更加有利,而且月亮对淡水捕鱼也有影响。对此,通常的解释是月球的引力和太阳强大的吸引力会对鱼类的觅食习惯产生影响。但是,在我看来,唯一对渔汛的可预测性这一概念形成用阐述并发展到一定程度的人是数学家肯·林(Ken Ring),他的长期天气预报,基于对与月球活动相关的气候类型的以往研究,非常有趣。他每年发表一次的气象年鉴,广受欢迎,并且有一个网站。

有些人仍然对毛利人的历法推崇备至。在未辨别鱼类品种差异性的前提下,我对其进行了实验,除了那些可以用天气等因素来解释的,我能肯定地说捕鱼也可以说是一项非常迷信的事业。

与我而言,毛利历法并未为我带来任何奇效,但是我得承认《鱼和游戏》杂志的幸运帽和特别受欢迎的北岸板球队帽在大部分水域都能发挥同样的魔法作用。假若它们都没有奏效,我总是会随身携带一顶无檐小便帽作为最后一招。它是用雅各布羊的羊毛织成的,这种羊是世界上最古老的绵羊品种,据说在旧约时代就已经存在。这顶帽子曾经属于我妻子的叔叔雷金纳德,他是约克郡一位技术娴熟的垂钓者。他并没有将帽子送给我,所以我也不清楚它是如何到了我的手里。貌似有一天它就神奇地出现在我的口袋里,这帽子有着永远不会消失的神奇力量。

捕鱼的僧侣

另外,不得不提的一点是,只要提到过去和现在捕鱼的联系,我们就会想到的是:日益增长的、破坏性的和完全不必要的污染问题。

我最近看到的一篇报道说,即使是60—80头奶牛的小型奶牛群,穿过一条小溪,也可能产生20公斤的废物排放水里,这些废物含有诸如大肠杆菌这类脏东西,会顺流而下,下游半公里的水域都可能受到污染。尽管我不想一直将焦点放在这个话题上,但最近有关普伦蒂湾淡水湖的一项研究发现只需300只天鹅或者鹅,沿着100米长的湖海滨觅食所产生的粪便中的大肠菌,便足以让湖水不再适合游泳。

这些数字是令人担忧的,足以引人深思,但是这并不是一个全新的问题。几个世纪以来,我们都盲目地相信大自然有能力进行自我修复以及处理来自人类的日益猛烈的攻击。只不过污染规模在不断增大,而且事实上即使我们知道污染在不断恶化,也并未及时果断地采取任何实际措施,尽管解决方案很简单。

几年前,在去英格兰的路上,我恰巧参观了一些约克郡中世纪著名的修道院遗址,其中大部分并没有像世人想象的那样,被亨利八世的手下炸毁或推倒。这些执行者都比较务实,这样艰巨的工作,在对于时间、人力和火药方面的消耗都太过昂贵。国王的这些仆人们进行了有组织的、简单的工作:他们将修道院有价值的铅屋顶移走,这样暴雨和冰雪便能快速、强有力她将其摧毁。

在研究了修道院的一些旧规划图和参观了它们的遗址后,有两件事让我感到很震惊。第一件事,很明显,淡水鱼的供应对这些庞大的组织来说是多么的重要:鳟鱼、河鳟、三文鱼、鳗鱼、鲤鱼和鲈鱼等最终成了修士们饮食中重要的一部分,即使他们原本只是打算提供另外一种地方收入和权力来源。

这些僧侣是非常敬业且高效的捕鱼专业户。他们修建了专业的池塘，这些池塘由溪流和水渠相互连接，并安装了小水坝和水闸加以控制，他们在池塘内养了鳗鱼和其他鱼类，还经常换养许多诸如鲤鱼和鳟鱼一类的大鱼，以备后用。

我以前参观过许多类似的地方，但这次引起我注意的第二件事是我从前就知道却从未认真加以思考过的，那便是这些好僧侣们将溪流作为他们厕所的排水系统——事实上至少会污染他们部分的鱼类生产线，当然也包括所有居住在下游的不幸的居民。若你还记得一群牛在短暂地渡河过程中对河流带来的影响，你无须细想这个问题便能理解，60位僧侣，有时甚至是这个数字的两倍以上，日复一日，年复一年，大部分时间都待在修道院内，他们可能会给邻居们带来相当多的健康问题。

这一公共机构名为"Reredorter"，其意为

"寺庙后的厕所",指的是卧室或者说是寝室的私人"大后方"(僧侣们通常很讲究地将其定义为必需物品)——通常很巧妙地建在一座有顶的石桥上,石桥位于一条流淌的小溪上面,可以通过开孔将脏物直接排入桥下的河水中。顺便对那些可能会好奇的人解释一下,僧侣们同那些居住在城堡内的人一样,也是用干草作为厕纸的。

接下来的会更令人难以置信。除了这些僧侣,修道院内还安置了大量的庶务修士和热心的文盲,他们为寺院提供了大量的体力劳动,以维持修道院创造财富的"工厂"得以正常运作。尽管修士们允许他们在修道院所有的农场内随意闲逛,但还是使得修道院的基础设施变得紧张。根据圣贝尼迪克特的规定,一般是不允许普通僧侣们在一天内去那么远的地方的,因为他们在天黑之前无法返回自己的宿舍。由此看来,这一规定还是有必要的。

拥堵问题到这里并未结束。修道院还有义务为那些源源不断而来的旅客提供住宿，在斋日和节日期间接待大批的来访者和附近的村民。除此之外，他们的医务室还经常接纳不少生病或垂死之人。如此一来，这一股股小水流穿墙而出，汇聚起来所形成的污染规模也是相当惊人的。然而，只有部分污染可以得到治理。事实上，或许除了无法避免地洗手以外，僧侣们因洗澡而产生出的污水还是比较少的，因为他们通常被要求一年内沐浴的次数不得超过5次。

通常普通的水流被用于洗手，僧侣们常常会先将双手浸入草药、膏剂以及各种灰和硝石泡成的浸液中，然后再用流水做最后的冲洗。旧约先知耶利米提到的"肥皂"——主神耶和华说，你虽用碱，多用肥皂洗涤，你罪孽的痕迹仍然在我面前显出——可能仅仅只是灰碱，因为我们所知道的原始肥皂是在很久以后由罗马人发明的，罗马人将灰碱和那个时代数量最多的动物，山羊身上的油脂混合在一起就制成了肥皂。

直到中世纪的法国人和意大利人将橄榄油和山毛榉的灰烬混合在一起制作的肥皂才有点现代肥皂的样子，这种新产品直到14世纪才传入英国，直到詹姆斯一世成为国王后，首次通过立法将该产业扶植起来时，肥皂才被人们广泛使用，此举成为增加肥皂使用的一项重要因素。

肥皂制造业——随着日益增加的对磷酸盐和其他危险化学品的使用——将会给淡水渔业带来更多的问题，尤其是对污染敏感的鳟鱼。然而，肥皂同时也在提高人类的总体健康水平上起到了重要的作用。人类的寿命开始延长。17世纪，伦敦的人口从20万增长至40万。相比之下，当14世纪时僧侣们的政治权力和经济实力达到了顶峰时，据统计，英格兰的人口下降了1/3，主要是由瘟疫等疾病的肆虐所造成的。在那个时期，死于性病的可能性是现在的20倍，死于传染病的可能性是现在的130倍。在没有肥皂的日子里，生命真的是肮脏、粗野而又短暂的。

"钩"(angul)一词的发展由来

没有哪个渔夫在聊天时能紧扣主题。关于钓鱼的谈话总是零碎的,如水中太阳的倒影一般,照耀在河面上向着无数个方向闪耀波光。若你无法适应一个垂钓者突然转换话题,那最好还是放弃想要出去钓鱼的雄心。我曾花了几个月的时间和我的钓鱼伙伴聊天,谈话的内容总是如同钓到一条意志坚强的鱼:它或拉或跳,抑或是其他方式,完全是无法预测的。谈论钓鱼时想到哪就说到哪,话题的方向有着无限的可能性。

例如,我务必要提一下那些古老的排水工程,即使在被损毁的状态下,对一位渔夫来说也是极有吸引力的,在位于西约克郡,温斯利代尔(建于1156年)的杰维斯修道院,仍然可以看到一个巨大的下水道，绕过厨房的后面，将做饭和吃饭后的残羹剩饭带走；还有一个仍在使用的，而且令人印象深刻的供水系统穿过修道院的医务室。你肯定希望能看到鱼从排水口逆流而上。

修道院里还保留有一些乱七八糟的"工业"活动，包括大规模的羊毛加工厂，其中涉及清洗羊毛的肮脏行业。事实上，若将所有的供水系统加起来，会有近24个修道院和相关机构从约克郡各主要水道获得供水，因此，几乎每条鳟鱼都能从上游通过供水系统顺利到达河口——河流再净化能力的提高确实要归功于渔业的可持续性发展。

所有这些复杂的排水系统（带有精密的石质排水渠和完美而又互相连通的鱼塘）是由西多会[①]修士规划建造的，他们成了中世纪欧洲铺渠工和水

---

① 西多会：天主教隐修会。1098年由法国人罗贝尔始建于法国勃艮第地区第戎附近的西多旷野，因会服为白色，又称白衣修士，1883年传入中国。

管工的先驱。

本笃会的僧人在诸如威斯敏斯特和圣奥尔本斯这样令人满意的地方选取称心的场所来建造他们的修道院，而西多会积极奋进的修士们全守该会严规，故意选择贫穷的地方，通常是沼泽地，因此在实践中学习到很多关于水治理的业务知识，比如，怎样开垦沼泽地、进行分流，利用水动力来使锯木厂和玉米磨坊运作，排水和修筑池塘蓄水以维持鱼类的正常供应。

仅仅过了300年，这些务实勤奋的僧侣们就从贫困走向了富裕，成为约克郡这片郁郁葱葱的山谷中的权威机构，如方廷斯修道院、里沃兹修道院、半岛修道院、柯克斯托尔修道院等其他几个修道院最终拥有了这些最好的土地中的一半。宗教改革时，僧侣们似乎是势不可当的，如同同时期在新西兰的海岸线、高原区或任何吸引捞金者的地区所出现的海外投资者们一样。

如何钓鱼
How to Catch a fish

此时此刻让我们再次回到字典上,对一个一个不断出现的重要且美好的词进行"识骨寻踪"。"钩"(angle)这个字最早出现在关于狩猎论和猎鹰论(还有纹章术)的论文中,此论文被收藏于《圣奥尔本著作集》[①](*Boke of St Albans*)中。

该书于1496由一位叫作温金·德·沃德(Wynkyn de Worde)(这一名字或许会让那些多疑的读者产生警惕心理)的男士再次出版,该书又另外增加了一个部分,标题为《论假饵钓鱼》[②],该文章由一位被称为朱莉安娜·伯纳斯爵士的女士供稿,作为一位出身高贵的女修道院院长,朱莉安娜·伯纳斯极其热爱体育和文学,在祈祷之余,利用大量时间来发展自己的兴趣爱好。

伯纳斯在制鱼钩、挂诱饵以及用马鬃编织鱼线

---

① 15世纪一部专门写给绅士的图书,狩猎是绅士的主要特征。
② 《论假饵钓鱼》(*Treatyse of Fysshynge with an Angle*):于15世纪出版,作者为生卒年均不可参考的修女朱丽安(Dame Julyans Bernes),对钓鱼技术所记甚详。

等项目上的技艺是通过科学钓鱼方法指导的，并且，得益于她所生活的环境，使她的文字更具有现代性的吸引力。钓鱼杂志中关于这位优秀女性的充满热情而又不够精确的介绍性文章并不罕见。这些文章往往将她描述成钓鱼运动的发起者，但不幸的是，不嫌麻烦的中国人记录到，在中国，有闲阶级们至少在500年前就将钓鱼发展为一项兴趣爱好。

多年来也有很多文章支持关于伯纳斯的第二种主张——她是第一位伟大的英语女作家——这一说法并没有招来太多的质疑。然而，这却又碰巧成了我们所说"捕鱼奇谈"之类的又一离奇故事的例子。《牛津英国文学指南》（*The Oxford Companion to English Literature*）简略地驳斥了女修道院院长的存在，讥讽地将其称为"18世纪的一项发明"。可能真有一位女人，或许得到了认可，那她的姓氏可能是伯纳斯。但是温金对这一话题一直采取模糊的态度，我们可能永远都不会知道真相如何。

如何钓鱼

"钩"作为名词出现时,文学正毫无疑问地朝着全面、丰富和现代的方向发展,钩的意思是钩、竿和线,艾萨克·沃尔顿在1653年宣布,"先生,我是一名钓友"①,尽管早在1世纪以前,将《圣经》和《新约外传》完整翻译成英语的第一人迈尔斯·科弗代尔将传道书的第7章第26节翻译为:"我得知有等妇人,比死还苦,她的心是网罗,手是锁链"②时,将angle这个词联想到了一个不受欢迎的文学意境中。

angle这个词在早期也被用作动词,表达用钩子或网捕鱼的意思。菲利普·西德尼爵士(伊丽莎白时期的一位诗人、军人和朝臣)也曾将这个词进行了隐喻式的文学活用:"若他言辞亲切,便能勾走人们的心。"③

---

① 原文为"A Brother of the Angle"。
② 原文为"A Woman is bitterer then death: for she is a very angle, hir hert is a nett"。
③ 原文为"If he spake courteously, he angled the people's hearts"。

但是，与人们一般的看法相反，"to angle"这一用法既非源于拉丁语中的角（angulus）（角落的意思），与现代人所称的盎格鲁人（Angles）也没有任何联系，盎格鲁人指的是5世纪入侵英国的侵略者（撒克逊人和朱特人）。这一用法其实源于罗马历史学家塔西佗对他们居住的欧洲地区所做的形容——如今被称为石勒苏益格，是德国的一部分。因为从地图上看，这一地区的边界就像一个角（An angulus）或者说是一个角落。

现在，"angles"一词被我们专门用来表达当我们在海上、河里、湖泊中展开冒险时所用到的钓鱼工具，或者是使用这种工具所进行的活动。

关于集合名词

虽然我们需要解决一些词义问题,但我们对诸如鱼类、鸟类和野兽这些具有明显指导意义和有趣的集合名词都很熟悉。如我们讲到的一群鳄鱼(a bask of crocodiles)、一群河马(a bloat of hippopotami)、一群乌鸦(a murder of crows)、一群水牛(an obstinacy of buffalo)和一群鹦鹉(a pandemonium of parrots)。但人们常犯的一种错误是说一群鳟鱼(a shoal of trout),如同说一群鲱鱼(a shoal of sprats)或者一群绿鳍鱼(a shoal of sprats)的意思一样——尽管鳟鱼在逆流而上去产卵之前时常待在湖泊浅滩。

1993年版的《布鲁姆斯伯里分类词汇汇编》(*Bloomsbury Thesaurus*)使我确信鳟鱼一词的正

确的集合名词是hover（意为"在……徘徊"）。这一巧妙的表达非常形象且吸引人，于是我查询了一下1971版大部头的《牛津英语词典》，但没有找到该词的此项定义或用法，对此，我丝毫未感到惊讶。我禁不住想，只有富有想象力的人有时才会想到这些有创造性的事情，并把它们发给《读者文摘》（Reader's Digest），让该术语被印刷出来得以伪造一个临时的书面权威用法。

但是我碰巧看到了我以前从未留意过的"hover"的一个解释，该释义使得《布鲁姆斯伯里分类词汇汇编》对该词的解释更加具有说服力。根据牛津词典编纂者所说，该词可解释为"任何悬空的石头或河岸之下可供鱼隐藏地方"，因为从看见一群鱼在一个遮棚处游来游去到统称它们为"一棚鱼"（a hover of），只有一步之遥，我希望读者能够给予这个绝妙的词更多一点使用的机会，若他们碰巧谈到了鱼，有时也能将该词运用到他们的谈话中。

渔夫们对词的使用很是挑剔。我们有自己精确的技术词汇，其中包含了一些有用的用语，即一些能将新手和那些经验丰富而又成瘾的渔夫们区别开来的词。对于我们来说，诸如污染这一简单的词并不仅仅意味着河中的淤泥或表面的浮渣：它存在于整个环境中，从空气到植被到改变我们思想和行为的态度。

环境问题总能引起那些与我为伴的专业渔夫和渔妇们的注意。他们是伟大的自然主义者和大河厚土的保护者——这些遵守托马斯·麦葛尼格言的人认为"每个渔民都必须成为一位河流管理者、海洋浅滩的管家和公海的警卫员"。他们碰到那些无耻地滥用我们户外自然馈赠的行为，会去抵制、去揭露，他们的做法是无偿的，大多数还是不被领情的——他们对此记忆犹新。

在进一步深究这个问题之前，我们应该考虑到尽管坐落在水道之上的修道院是导致中世纪河流受到污染的元凶,但是许多庄园和城堡的公共厕所所排出的废物也会直接流入护城河(除了偶尔有防御作用以外,通常情况下的作用是一个敞开盖儿的下水道,同时也是城堡所需的鱼类和家禽的主要来源)或垃圾堆(这些垃圾容易渗入水道,往往由专门的人负责检修,这些人虽被形象地称为"锣农民",但是社会地位却非常低)也是原因之一。

在这儿我还得提一下另外一件事,因为我绕道去约克郡谷地并不是试图"钓到"一些隐藏在我们的假想之下的意料之外的黑幕,也不是说那些我们脑中关于修道院、城堡和中世纪的鱼类养殖的浪漫想法值得去实地考察。我想提醒大家的是一个重要的修正观点。渔夫们常常怀旧地谈论起那些过去的黄金时代:清澈见底的河流,水晶杯般的湖泊,可供鱼儿生活的好到飞的条件。有可能在一些偏远的水域确实如此,但大部分则不然。

污染是人类在地球上生存、四处迁徙所带来的无法摆脱的负担。很少有人能够与周围的生活环境和谐相处。身为人类,我们适应自然、培育自然以及利用自然,用一千种方式改变着我们居住的地方。和鱼类不同的是,我们人类禁不住要处处留痕。

而这并非那么简单。当我们把那些完全忽视基本的饮食卫生和总体污染的欧洲祖先看成是聪明的,无忧无虑地过着原始的生活时,我们应该提醒自己不要忘了如今我们的农场、河流、湖泊和海洋正在经历些什么,也不要忘了我们目前正在制造出的大规模问题。我们对鱼类做的事情总有一天会发生在自己身上,我们有着和它们完全一样的结局。

富足的生活

在过去的几十年里,"捕获和释放"成了大部分经验丰富的淡水钓鱼者眼中的一种游戏,最近,越来越多的海钓者也加入了这一游戏。用相机拍摄记录下来那些一排排死掉的鱼,这无比光荣、短暂而又辉煌的日子已经一去不复返了。

许多鱼儿仅仅是渴望杀戮的受害者,看到它们会引起大多数现代渔民的羞耻感。那些被杀死的鱼好像并非都是被吃掉了。我曾听说,(新西兰)南岛的一家私家菜园用上百条肥大的鳟鱼尸体当肥料。那些天才钓鱼者们所抓到的鱼都无法幸免于难。除了那些注定会被拿来当作美食的,剩下的则被杀掉,成为花园的肥料。

在一条汇入陶波湖的河流边缘，我曾碰到过一位退休的农民，他每次会花上几个星期的时间开着一条有锚的小艇去钓鱼，来填满他那巨大的冰箱。他很高兴地给我看了76条冷冻鳟鱼，像以往一样，他已经准备好在下一次回到陶兰加时将这些鱼分送给他的亲朋好友。他还做了特别美味的鳟鱼酱，保存在罐子里出售。他从不超过限定捕鱼的量。每天清晨，这位规矩的捕猎者会按照他的季节性执照的规定，抓的鱼不会超过8条，并且将1公斤以下的鱼放回水里。

以当今的观念来说，很难不对这些狩猎者进行苛责的评判，然而，我们应以他们所处的那个时代的眼光去看待他们，无须给出过高或过低的期望。因为我与他是同时代的人，所以我能理解，我在很小的时候就开始钓鱼了，那已经是半个世纪以前的事情了。

那个叫作邓肯·麦考马克的男孩是我在文法学

校时最好的朋友之一。他家住在米尔福德，我家住在塔卡普纳。和其他男孩一样，我俩都使劲儿地吹嘘各自从海滩上抓的鱼是多么的神奇，直到我俩决定在放学后连续进行几个晚上的竞争。

第一天的比赛到来了，放学铃声一响，我们便骑上自行车冲到海滩，当天早上我已经在那里准备了一个小艇。我们将船划到距离海滩大约1公里的地方，放下铁锚，将鱼线扔进海里。只要坠子触底，我们的诱饵便会被咬住，很快便能抓上来成打的大鲷鱼。那时候还没有钓鱼管制，每次只要在鱼钩上放上诱饵，就能钓上鱼来。钓上来的鲷鱼多得都快盖住了我们的膝盖。然后我们才意识到这样下去的话船都快沉了。我们当时的干舷高度大概只有4—5厘米了。

我们缓慢小心地将锚拉上来，然后向岸边划去，邓肯轻轻地划着桨，我探身向前以使船能够稳步前进。海面吹起了微风，舷边不时会有海浪卷起，几乎要将船掀翻。我们花了很长时间才返回岸边，将船停靠在圣伦纳兹海滩。我们不得不沿着浅滩，绕过国王王后岩石（之后几乎完全消失在风暴中），用揽绳将船拉回塔卡普纳。

一大群人聚集了过来，我们开始刮掉鱼鳞，掏出内脏，以每条鱼1先令6便士的价格将其卖掉。但我们已经精疲力尽了，不得不放弃这种做法。于是我们把价格降低到每条鱼1先令，到傍晚时分，我们总共挣了4英镑。这是一笔小小的财富。我们总共钓了84条鲷鱼，个个都很大。没有必要再回到米尔福德进行比赛了。

当然，这完全出于侥幸。我们在一个幸运的时刻到达了学校，或许最大的幸运是我们没被海浪掀翻。在当时的情况下，我们很有可能得丢掉船，丢脸地游回海滩。我们太过贪婪，并且考虑不周。这都是当地文化的一部分。就像我们在这片水上遇到的其他任何人一样，在我们看来，大海里的鱼似乎是无穷无尽的,为了不辜负自己的辛劳和坚定的进取心,接受每一条自愿上钩的鱼不仅仅是一种权利,也是一种积极的责任。回首前尘,我只能悲伤地摇头惋惜,惊讶于我们都花了多长时间才意识到,过去我们一直在积极消耗的资源实则应该受到细心谨慎的管理和保护。

一般事项

没有哪种普遍适用的方法能解决有关钓鱼的大部分问题,因为这往往取决于地方、条件和有用的讨论(能让你考虑到许多错综复杂的细节)等因素,我们算是比较幸运的,至少我们关于背景和理论的一般原则的讨论已经切中要点,现在也许应该以一种非常普遍的方式开始讨论更多关于钓鱼的技术。

没有哪件物品或者哪套设备能够确保会取得成功,认识到这一点是至关重要的。若你钓鱼是因为饥饿而要充饥,前面已经告诉过你了,最好的解决办法是到鱼店买一条鱼。

技术方面的主要问题在于两个不可改变的因素。第一,正如鱼的种类有上百种,因此钓鱼的方法至少也要有那么多,还得取决于它们的种类,它们可能会出现的地方,它们的喜好,一年中它们可能出现的时间段以及你要在哪种天气和环境才能接近它们。这些只是开始。

第二,取决于人类本身。所有行家都有他们最喜欢的装备、方法和建议。有成千上万的技术指南和手册会迷惑那些新手,足以让他们相信可以从书中学到关于钓鱼的绝对可靠的知识,包括笔者本人。成千上万个标题让你相信它们的作者可被信赖,然而事实只证明了一点:他们根本不会钓鱼。

事实上关于钓鱼的书目是为了打动我们、迷惑我们、逗我们、娱乐我们、将我们带上一个充满想象力的旅程并使我们沉迷其中。你可能获得的少量、有用和实际的信息应被视为意外收获。那些声称自己人生中大把时间用来捕鱼和思考如何捕鱼的男女们所发表的一些"专家级"的提示和建议常常引起争议,有时甚至完全是错误的。我曾看过的一些描述河流以及如何在这些河中钓鱼的书只可能出自那些从未在所写的河流附近的任何地方钓过鱼的人之手。

因此,有了这一警告,我们便知没有任何技术情报可以称为是绝对可靠、绝对不可或缺的,也没有任何技术信息可以说是完全基于多年个人的尝试和所犯错误的。

当你到店铺购买鱼竿、鱼线和鱼钩时,不要净想着省钱。你应该始终以最好的价格买到最好的装备,而不是以最低的价格买到最差的装备。令人吃惊的是经常会有人首先购买的是便宜却不起什么作用的装备,随后又不得不重新以稍高一点的价格购买好一点的东西。这是最浪费的一种购物方式。

还有一个重要的因素是每位初次购买者都应该考虑到的:若你最终发现自己只是暂时的在自我欺骗,你觉得钓鱼这项活动其实很无聊,很讨厌。当你把自己的装备送给朋友时,没有人会想要那些令人嫌弃的便宜货。然而,如果你给他们的是优质的鱼竿和绕线轴的话，会另他们赞赏不已，虽然这些东西你可能看都不想再看一眼。你可以用类似这样的小慷慨来让别人对你留下一生美好的印象。

此外，我从没见过哪家的体育用品专卖店的店员不知道他们在谈论些什么。有时店员会试图让你购买最昂贵的装备，但你始终应该表明自己的经验和期望，如此一来你会为自己所得到的真正有用的帮助而感到惊喜。

当你付钱为自己购买装备时也应为自己取得一些信息，一些关于该产品实际效用和性能的可靠而又详细的信息。例如，如果你买的（做诱饵的）假蝇是专门在特定的河流使用，你最好提一下打算去往哪里以及何时去。你很有可能从店员那里获得你所需要的精确信息。

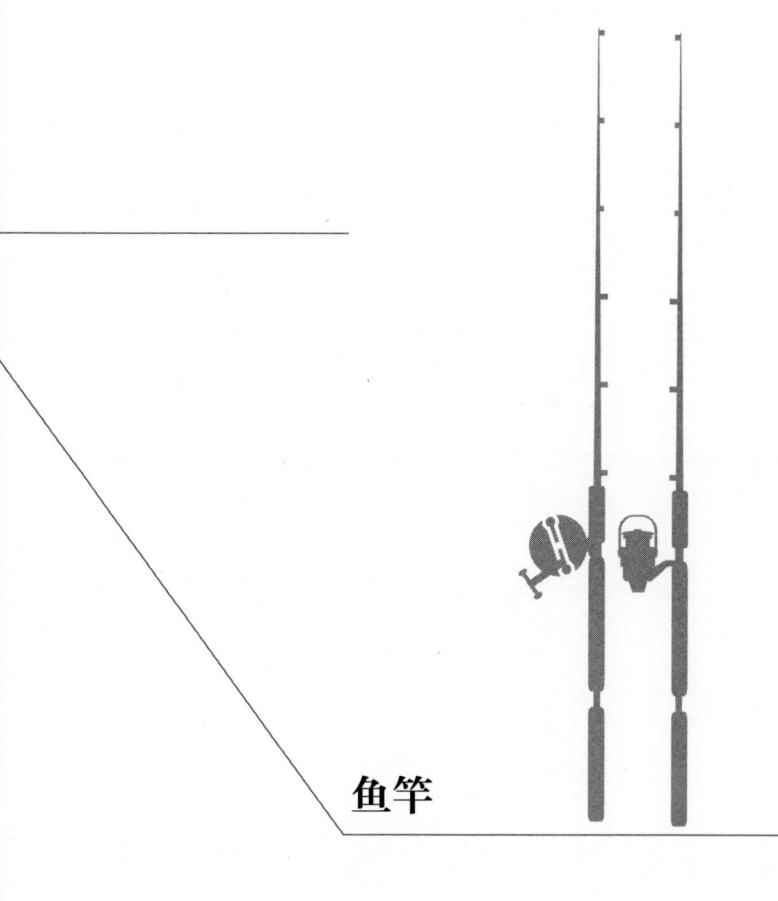

鱼竿

记得一个阳光明媚的下午,我在爱尔兰西南部,距离斯基伯林镇不远的一个小而精致的湖泊钓鱼。鳟鱼不大,但是晚潮却颇为壮观。大约只不过在1—2分钟,整个湖泊似乎突然沸腾起来。到处都是像喂鱼时引起的纵横交错,互相连接的环形水浪,打破了如镜般平静的水面。另外还有一个渔夫,他运气不太好,因为他在用一个装有蠕虫诱饵的手钓钓鱼。鱼只喜欢落在水面上或沉在它身下的美味佳肴,而这位渔夫眼下所做的显然这两种情况都不具备。

我在一片芦苇附近用湿饵成功地收获了两条小鱼,不过晚上涨潮之后,我便很快换成了漂浮在水面上的干饵,为了试一试运气,我还将一个湿饵挂在一个铅坠之上,悬在干饵之下。我一将鱼线抛出,干饵便消失不见了,我抬了抬鱼竿,便产生一种奇怪的感觉,这感觉越来越强烈。鳟鱼似乎沿着非常奇怪且不自然的角度拖拽着鱼竿,同一时间里左奔右突、上蹿下跳。

那位用手钓钓鱼的渔夫饶有兴趣地看着我和这一怪物搏斗,一会儿丢下鱼线走了过来。用颇为自信的语气说道:"你钓着了条该死的鳗鱼。"

我半信半疑地回答道:"感觉很怪异",虽然我以前从未听说过鳗鱼会吃干饵。

然而,一条可爱的小鳟鱼出现在了我眼前。但这无法解释鱼线为何会那么重,也解释不了水下一连串的骚动。我用渔网捉住这条鳟鱼时,看见下面的那个湿饵也挂住了一条鳟鱼。带着一点运气的成分,我竟然及时用渔网把那条鳟鱼也给网住了,将其捞起来。那位渔夫对眼前的一切难以置信,好大一会儿才回过神来,尤其是我自始至终都没有说什么，我希望他会相信一次钓到两条鳟鱼对我来说是家常便饭。他虽亲眼目睹我将假饵从鱼的下颌处取下来，但他似乎对此视而不见，他秉着坚定活虫诱饵的信念，无辜地问道："我滴神啊，我可以问你用的是哪一种虫吗？"

我没心情跟他解释我所使用的伎俩是由大约2000年前居住在巴尔干半岛的南部高地的高人们想出来的，他们将羽毛仿制成昆虫的形状和颜色系在鱼钩上吸引淡水鱼。

但我至少应该说服他，让他到斯基伯林给他自己买一根鱼竿。不仅是因为若鱼在水面附近寻找食物，活虫鱼饵对它们是不起作用的；而且，将一条轻飘飘的手钓鱼线扔出去实在太明显了。他应该将鱼线抛到水草丛生的地方，因为一般鱼儿会在那里度过大部分时间，它们会在那里自由地游来游去、觅食。如果方法得当，即使用一根扫帚柄做钓竿也能发挥作用。

如何钓鱼

小时候,我们自制的鱼竿大多用的是沉重笨拙的木质。通常是由樟树(北美月桂属的一种)、枪木或者竹子这些材料制作而成的,但很少有人能将这些棍棒的长度及形状制作成和市面上的分节鱼竿一样,这是有史以来形状最好看的鱼竿。

"分节收缩鱼竿"是1849年由一位叫作塞缪尔·菲利普的人发明的,他是宾夕法尼亚的一名枪械工人和小提琴制造者,这一发明带来了一场重大的淡水钓鱼技术革命。如今的鱼竿轻便灵巧,单手就可以有效控制,你可以逆流而上去钓鱼,而非只能将鱼线悬在水流中。但如今海钓盛行,我们各个大大小小的港口有足够多的鱼,对于大多数人来说,无须费心使用如此昂贵(而且容易折断的)的工具。直到20世纪60年代,鱼竿才作为一种常规的船钓工具在奥克兰海港出现——这明确表明大鱼的数量正在迅速减少。

使得人人都能使用鱼竿的这项发明便是玻璃

纤维。玻璃纤维的应用让鱼竿的价格突然降低了许多并且易于保存。它们同时带来了一场物品更新的变革，取代了父辈们流传下来的精简节约的生活传统：若这些鱼竿折断了，扔掉就好了。最重要的是，用玻璃纤维制作鱼竿几乎无所不能。它们形状各异，尺寸不一，甚至还有一款各节可以完美地套叠在一起。

如今，玻璃纤维鱼竿仍旧是船钓或近海钓鱼时常用的工具。它们短粗厚实，可以用于在任何狭小的空间内钓鱼。只有在钓大鱼和专猎用鱼时才会用到碳纤维（现在一般称为石墨）鱼竿。石墨比较轻，而且质地异常坚硬，可以通过不同的调配以满足任何专业钓鱼人士的需求。

碳纤维鱼竿在20世纪70年代初渐渐崭露头角，这项技术一开始不是很成功：鱼竿不是太软就是太硬。记得30年前，我第一次见到一个美国垂钓者使用这种鱼竿。当时这种又轻又细的鱼竿让我大为吃惊，但同样令我惊讶的是，即使钓上来的是条小鱼也能让它几乎弯成一个圈。这种鱼竿极其有弹性，在使用的过程中一定也很有趣。

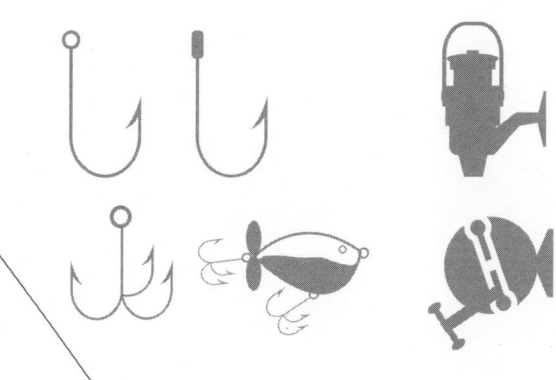

绕线轴、鱼线和鱼钩

纸、丝绸、罗盘、火药、瓷器以及钓鱼绕线轮的发明都要归功于心灵手巧的中国人，在这些发明中，大多数垂钓者都同意：钓鱼绕线轮的发明是最伟大的。"钓鱼竿"的固线垂钓有着严重的局限性，这些局限性是拥有现代钓鱼装备的垂钓者无法想象的。改变这一局限性的神奇装备便是可以将长长的鱼线绕起来的一个鼓轮，然后通过滚轮上的一个导眼将鱼线沿着鱼竿抛出（或收回）到需要的长度。

鼓轮仍旧是绕线轮的基本形式。这是一个几乎所有的垂钓者和热爱海钓的渔夫都需要仰赖的装备。相当多的人同意，它简单的投饵方式，对于在小船上船钓的人来说尤其适用。尽管有些昂贵的型号有着精湛的转动装备，巧妙的平衡"阻力"和高级的金属，以及将这些组建在一起的复杂技术，但总体来说鼓轮是既灵巧又简洁的。在阅读钓鱼杂志时，你可以随处看到各式各样让人眼花缭乱的鼓轮广告，你会对其样式（不同的价格区间）感到困惑不已，但能确定的是，如果有了适当的建议，其中总有一款能完全满足你的需要。

鼓轮通常的替代品是纺车式卷线器，线缠绕在一个向前的主轴上，由一个半圆形的转盘控制，在转盘开启的状态下，就能以最小的阻力快速地将鱼线展开。有一些特别昂贵的卷线器，尤其是那些被用于激浪投钓和钓大鱼的，但对于年轻的垂钓者来说，它却是最有趣、易上手、具有通用性的一种卷线器，而且最重要的是，它最便宜。现在很多年轻钓手们会选择一款纺车式卷线器作为入门装备，熟练一些之后再换一些较为精致的。

鱼线的选择看似很复杂，但其实很简单，只要掌握这一规则：选择与所钓之鱼相匹配的线。你不会带着一条缆绳去钓鲭鱼，也不会用一条鲱鱼细线去钓石首鱼。还有用亚麻编织线的，记得在我小时候那可是最高级的鱼线，但我最后一次看到有人用这种线钓鱼已经是多年之前的事了。尼龙线是现如今使用最广泛的一种，形式多种多样，从单丝（单股）到特别轻盈、特别有力量的编织线。

尼龙线大军受到普遍欢迎被广为接受，而淡水垂钓者和海水垂钓者使用的飞线则是一个特例。这种线的长度通常超过25米，"重量"也是各种各样，它们的重量是根据美国渔具生产商联合会所制定的标准计算，匹配相应重量的鱼竿。

飞线是根据漂浮和下沉时不同的速度进行构造的，尽管形式多样，但是最常见的是双向锥形线，其重量精细地从中间向两端递减分布，还有一种是锥形线，因为它前端呈锥形，这样在抛掷鱼线时，重量向前可以帮助投掷到较远距离并保持更高的精确度。

这或许听起来有点复杂，但切勿惊慌。生产制造的过程已经被科学家们接手了，你只需把问题留给他们解决。你所要做的是走进一家商店，详细地说出自己的要求，然后根据自身荷包的承受能力做出选择。对鱼线的改进似乎持续了千年。总有一些专家能想出一些新的改进方法，这些改进可以满足你的一切要求，但无法恳求一条鱼让它自愿上钩。

还有一件必须要考虑到的事情是，鱼线需要两件附加设备：一条相对较长的备线，这条线既结实又轻便，捕捉一些大型鱼类时，单用飞线长度不够，飞线加上导线和备线可以将整条鱼线伸长至100米或更长。导线是接在飞线前端的非常重要的附加线。这条导线一端很粗随后逐渐变细，最细的一段被称为子线（或者在过去被称为"际线"），因此在抛掷时更容易以直线形式飞出。

选择导线时需要对其长度和重量进行精细的判断，而这些判断需依据诸如水流的强度以及河面上的风力、水深、鱼的大小和种类,甚至是捕鱼的时间等各方面的因素。这些都是通过长期观察和实践所得经验的积累以及同其他捕鱼者进行交流所获得的相关知识。最后这可以归结为一个个人喜好的问题,就像是在子线上挂一只假饵还是多只假饵一样。

假饵是一种经过装饰和伪装的鱼饵,它其实是为了吸引狡猾的鳟鱼并且将它钓上来(你所希望的)。现在越来越多的垂钓者也开始用假饵来吸引和捕捉各种咸水鱼。整个过程你只需记住一个原则:假饵可以是醒目的、美丽的和耀眼的,但必须要设计成能够吸引鱼的样子,而不是吸引人类。因此,你对假饵的选择必须是以吸引鱼儿上钩为出发点,而这就要根据当时鱼儿主要吃什么,你是准备将鱼饵抛掷在水面上还是在水下,是逆流钓鱼还是顺流钓鱼,当时天气如何以及处在一天中的哪个时刻等诸多因素来具体判断,正是这些因素决定了你将是满载而归还是一无所获。

除此之外，还有两点禁忌原则：所有这些上百个要素都可能因为某个突发的意外或者创意而变得毫无用处；无论何时，当你在一片陌生的水域中钓鱼时，暂且放下你以前的经验，向当地人请教总会是个好主意。这样做可以节省你很多时间，少碰点壁。

宽泛地讲，有四种假饵：干饵，大多数是有翅昆虫的仿制品，用于浮水面上钓鱼；湿饵，昆虫仿制品，常被沉入水面以下吸引鱼类上钩；若虫，昆虫幼虫时期的仿制品，适用于在水面以下不同深度钓鱼；塑料假鱼，大多数是小鱼和银针鱼的仿制品。这些种类的变化是无穷无尽的，有的需要在投入湖底或海底后上下抖动采取汲钩钓法，有的是并非特意模仿某种形态或模仿昆虫发育的中间阶段的假饵，比如一部分浮在水面上，一部分沉在水面以下的"上浮式毛钩"。

假饵的名称为其增添了一丝浪漫的气息。从描述性的：雉尾、野兔、铜色（蝴）蝶和珠头，到富有想象力且有些古怪的：长毛爆尾、阴险的麦克杜格尔和呆瓜，还有一长串新西兰独创假饵：辛普森夫人、汉密尔的杀手、爸爸的最爱和暮光美人，然而这些正逐渐被更加流行的、有时更加有效的欧美样式所取代。如今，我们更多地会选择诸如皇家伍尔夫、CDC邓斯和降落伞亚当斯这类特别有效的进口产品。

垂钓者往往不会在哪个是最有用的假饵料或者说哪种是最有效的尺寸这些问题上达成一致意见，但他们通常都会同意这一点：没必要将所有假饵类型都带着。并不是说要阻止一些垂钓者这样做，但关于携带多少假饵以及将它们系在鱼钩上的方法之类的争论从未停止过。

我所能说的是，任何与钓鱼相关的谈话，关于假饵料的讨论都是一个好开头，它可以将话题带入关于材料细节和实施方法、垂钓偏好、鱼的习性和习惯这些复杂的冷门话题。尽管人人都有自己的一套钓鱼理论,但不得不承认的是在大部分渔具店所看到的标准模式往往是最值得依赖的。

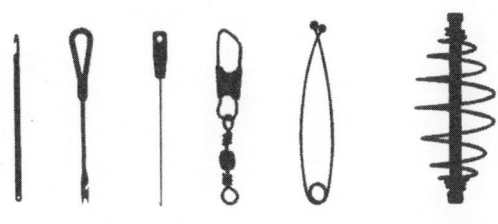

打结

这一部分内容虽然很短,却很重要,因为没有哪一本关于钓鱼的的书会对"打结"这个问题只字不提。对于那些钓鱼的人来说,没有哪种感觉会比因为自己忘记检查鱼线末端的结而失去一条好鱼更令人悲伤的了。单丝鱼线上的无钩螺丝锥时常会出卖你,你搞砸了。

有些垂钓者在每钓上一条鱼后就会把假饵拿掉,然后再耐心地重新系上去,以确保子线不会滑脱。我个人觉得这种行为是有一点点神经质的,但是我能理解这种谨慎的做法背后的动机。顺便说一下,鱼钩挂在鱼的下颌或者嘴巴上不会对鱼造成什么伤害。我曾经在海上和湖泊中都抓到过挂有新奇的钩子的鱼。它们显然并没有因此而食欲大减,不管怎样,它们都不会因为钩子而长时间地被岩石或者障碍物困住。

因为几乎所有的捕鱼设备的零售商都会将导线与飞线系在一起打包出售,可能只有狂热的爱好者才会严格要求自己学会如何打结,但是在你打算到淡水水域钓鱼之前,有两种类型的结是必须要学习的。

首先,你必须打一个结将鱼钩或假饵牢固地系在飞线或者导线上。最受欢迎的是交叉锁定结和单结——绞刑结是最高超的一种变化。

其次,你必须知道如何打将两条尼龙线连接在一起的结。一个简单的反手结或者外科医生用的缝合结在许多情况下都能很好地发挥作用,但是经验丰富的垂钓者通常都比较喜欢双血结或双单结。对于专业钓者来说,还必须学会其他几种打结方法,但是对一般爱好者,这几个结就足以啦。

这些类型结在海钓时也是很有用的,但对于海钓要用的大鱼钩来说,最受欢迎的是铆钉结,这种结通常有两种打法,但为了确保稳固,鱼线会穿过钩孔两次。然而,使用简单的环状帕洛马结也是很常见的,这种结有时被称为用来系鱼钩最结实的结。

想学这些打结方法很简单:在任何渔具店都可以买基础指南,上面有简明的指示图;还有那种塑料页的防水指南,不管什么天气,你都能把它装在口袋内;或者上网查找相关资料。你不是要去赢得童子军徽章,你不需要懂得太多,但你一定要把它练熟,你应该在黑暗中也能把结打好。

穿着得体

有人都同意介绍装备这一主题是非常好的。确实需要再重提一遍,改良是永无止境、讲究和让人迷惑的,只有专家才能帮助您并指出您的确切需求。但还有一个重要的点是到目前为止我还未提到的。若你想要钓一条鱼,得体的穿着也是很重要的,假如你因为能力不够或者运气不好而没有钓到鱼,至少还能看起来很得体。

我一般会推荐中档服装,这并不是说你需要准备一车类似意大利"城市猎人"式的衣服,我曾经看到有人穿着鹿皮夹克,高档裤子和高筒皮靴,戴着带有长长的羽毛装饰的小毡帽;他们在沿途打麻雀、燕子、云雀和其他任何出现在视线内带有羽毛的小动物。你当然无须打扮得像个花花公子或初学者，关键的一点是，你的穿着风格应该可以提醒毫无经验的自己到底在做什么。

永远都不要穿得邋里邋遢的像个流浪者。当你坐船钓鱼时，穿身泳衣貌似不错，但你很有可能会后悔。如果太阳出来，你会被烤成渣渣。你应该做好防护。飞蝇钓时也是如此。一位垂钓者穿特定的服装不是为了达到某种效果，而是由于时间和经验证明通常在湖泊和河流钓鱼时穿的服装是最明智最舒服的，甚至有时可以在逃生时发挥作用。

宽边帽或鸭舌帽是必不可少的，不仅仅是为了保护头部免受太阳光线的照射，还能为眼睛遮挡阳光，这样便能看清楚水面或者水下有什么动静。偏光眼镜对于减少眩光和帮助看清更深处的东西非常有帮助。上身最好穿结实的衬衫加一件轻便防水的夹克。裤子应该选择轻便柔软的，牛仔裤既沉重、笨拙又很不合适。一些钓鱼者在夏天穿短裤，因为在新西兰一天中最热的时刻，在河中涉水很舒服。然而，如今防水连靴裤日趋流行起来，与以往橡胶或氯丁橡胶制作的笨拙靴子相比，这种由轻便、"会呼吸"的材料制成的靴裤更为实用。

尽管鞋是舒适度和选择的问题，但是在船上钓鱼应遵循的一个简单原则是，应该穿轻质橡胶底的鞋子，不要打赤脚，因为被日光灼伤的脚极其地疼。在河中钓鱼时至少应该穿上步行靴，毛毡靴抓地力和稳定性更好，尤其是那些带有金属钉的，当你从河水中踏上河岸时，可以降低踩在水草上滑倒的风险。

对于淡水垂钓者而言，最后一样必需品是一件钓鱼马甲，虽然有一些固执的人更愿意在腰间围上一个破旧的腰包。钓鱼马甲对于那些想要捕捉鳟鱼和鲑鱼的人来说是必不可少的物品：马甲的大口袋可以用来存放那必须随身携带的通用捕鱼许可证。许可证的期限最短可以是一天时限的，但大多数的垂钓者会买上一年的授权——尽管实际使用时间肯

H̲ow to　如何钓鱼
Catch a fish

定没有一年,因为到了鱼类冬季繁殖期,大多数河流和小溪的渔场会被关闭以休养生息。冬天到海上垂钓,结果也是惨淡收场。一般只有年轻、鲁莽或极度饥饿的人才会考虑在冬天钓鱼。

钓鱼马甲应该带有一块渔网布,在更换假饵时用来暂时挂住它们,马甲上一般还有几个大口袋用来装假饵盒,更换或者修补导线的单丝、子线,帮助干饵漂浮起来的油或者油膏以及指示剂材料,如荧光腻子,在用若虫假饵时,可以将其拴在导线上,以吸引鱼儿上钩(完美主义者往往对这种辅助设备不屑一顾,但一些经验丰富的垂钓者对此极为信赖)。

马甲里还应有杀虫剂和防晒霜的一席之地,每件钓鱼马甲都应该有扣眼和纽扣,你可在上面挂一把小剪刀或者手剪、一把镊子或者用于将鱼钩摘掉的长嘴钳及用于矫正屈曲单丝的橡胶垫。谨慎的渔夫还会带防水火柴;一小块用于打磨鱼钩的钢砂石;一条非常轻巧、可折叠的铝箔毯;一块巧克力和一个指南针,如同他们总会带上一把刀和一张网一样。

最后一件事。若你为自己准备了一条新的高级轻便的防水连靴裤,不要忘了配上一条可调节绑腿带。这样便可以帮助保持鞋内空气通畅,防止鞋内进水。如果你掉进了水流湍急的河水中,很有可能就得靠它救命了,因为经过岩石时,你得先用脚去试探。

欺骗旅游者

除非找到有鳟鱼的河流，否则你是抓不到鳟鱼的。这太明显了，但有时我认为太容易了，以至于我们都无法冷静明智地去对待。

错综复杂的公共人行道和道路系统已经遍布英格兰数百年了，该系统并没有对土地、牛群、树木或任何人的基本财产权造成任何重大损害。但是，在新西兰，我们仍在为获得能够通过开放的土地进入我们的河道这一基本法律授权不断地努力着。我们应该有权穿过河岸，即使不是所有的，至少也应该是70%的。这一不寻常的现象不仅荒谬而且简直是疯了。

大部分农场主都很随和，对于像我这样以及和我一起去钓鱼的垂钓者，他们特别慷慨，并愿意提

如何钓鱼
How to Catch a fish

供帮助。同时我们也能为他们提供帮助。比如,当我们看到哪里的栅栏倒了下来,或者哪里的仓储出现了问题,都会及时告知农场主。我们通常会留心门是开着还是关着的,离开时会让其保持原来的状态。我们喜欢和农民们闲聊,因为他们往往能告诉我们一些有用的信息,如,合适的钓鱼地点以及到达这些地点的最快途径。

这两个群体之间的关系越来越融洽,特别是在南岛部分地区,钓鱼游说集团帮助农民获得土地权力,反过来,农场内提供指定的道路供垂钓者使用。但是有些谣言引起了恐慌,如果获得了法律允许,恐怕人们的私有财产便会受到侵犯,牲畜不得安宁,财产受到威胁。一条覆盖了我们近3/4内陆沿岸的约20米宽的道路,在一个世纪以来,已通过"法律的制约"保证了安全。这难道还不能说明情况吗?

我们倾向于审视现在的处境和我们这片土地上

遥远的历史,要么将其传奇化,要么视其为一切合理的补救办法。当然,这两种态度对某些人们都有意义,但他们通过一种想象中发展的目标意识和进步感使我们对当代的信仰视而不见,同时也忽视了这一事实,正如我们的祖先一样,我们的幻想和落后都是以自己的方式。在我看来,主要的区别在于我们的愚蠢是不值得原谅的,而他们更加愚蠢、更加自负、更加荒谬,且规模在不断壮大。

另外一件需要好好讨论的事是我们的民主激励问题,零收益的淡水垂钓区域正受到商业"导游"的入侵。钓鱼,尤其是淡水钓鱼,正逐渐成为旅游观光"体验"的一部分,在投机者的诱导下,许多人花费大量的钱财,就是为了能在一些湖泊和偏远的河流中做短暂的游览,通常是乘坐四驱车,也或许是直升飞机。这些无意中破坏了本地钓鱼爱好者的兴致和乐趣的人来自一些富裕的国家,这些国家已经在有意无意中破坏了本国渔业之后,现如

How to 如何钓鱼
Catch a fish

今,他们正一窝蜂地拥过来在我们最优质的河流上过度垂钓,破坏着我们的渔业环境。

禁止运动开展地越来越坚定,有时甚至是咄咄逼人的,那些靠钓鱼旅游挣钱的企业家对此更是束手无策。但是,也存在理性的和完全可行的解决方案,可以为那些希望到偏远的、未受到蹂躏的乡村钓鱼的人保存大部分水域。方法一是减少游览时间;方法二是指定一些河流和湖泊供有相关资格的人带领游客游览,其他河流和湖泊则禁止此类活动。有利之处在于双方很快就能做到以较少的对抗和更加温和的方式来维护自己的权益。

在事情发展的过程中总是有一个主导的方向。有些人会特地提供建议、指导并给予实际性的帮助,尤其是对初学者。另外,有一些地方,如广阔的怀塔基河上鱼类富集的卵石河滩滑坡,在那儿,垂钓者只靠喷气艇和救生衣,而在没有得到熟悉当地情况的人的帮助下就去冒险是很愚蠢的。简单地说，沿着我们的河流到处都是收费雇工，其初衷并非是支持渔业的发展，而是邪恶地想要强行逐出当地人。

我有时会被问：我是如何成为这样一个矛盾混合体的？一方面洒脱自在地做自然界的朋友、鱼类世界的情人；另一方面又脾气暴躁地怒喝那些勒索者，他们依靠与源源不断地到我们的河流来掠夺式垂钓的游客做交易来谋生。

答案有两个方面。其一，钓鱼的权利是我们作为新西兰人所拥有的无阶级的特权之一，我喜欢行使这一权利；其二，我们的祖先通过了明智的法律，使我们的大部分水道和海洋可供所有人使用。当然，这不包括那些与其毗邻的土地的私有财产，就像世界上大部分地方的情况一样。这些律法的建立并不是为了方便一小群人通过将丰富生活的运动变成私人"生意"来获得收益。

抛线

站在船边用鱼竿垂下鱼线不需要有多敏捷的身手，最多是一些腕部的技巧。但是要尝试飞蝇钓法，将假饵抛出，越过一片水域投到鱼儿眼前就不是那么容易了。组合套竿的发明促使垂钓术朝着一个全新的方向发展起来：垂钓者开始不断尝试，将鱼线精确地抛出相当的一段距离。当然，对旁观者来说，也没有哪种钓鱼姿态能比飞蝇钓法更优雅，更令人肃然起敬了。

在尝试用两种常用方法（侧投和上手抛投）举竿和抛线之前你需要知道的第一条有用信息是：这种能力是无法通过读书来掌握的，虽然通过书本确实能获得一些有关提高技巧、应对棘手的情况或环境的有用建议。学习抛线最好的方法是请专家手把手地传授技巧。

但是第二条有用信息是：抛线并没有想象中的那么难。首先是得理解一些基本原则，再进行几个小时的实际操作——因为惰性，我们常常会忽略这两个事实，即使老手也难免荒疏。在每个钓鱼季节之初，我通常会把第一天钓鱼看作练手——在这一天，我会活动活动胳膊，试着差不多能准确地抛线，这样我以后就不必在这些事情上费脑筋了。我并没能像我的朋友一样，天生具有很好的眼手协调性，正是这一点使他们成为优秀的垂钓者，但每年我都会提醒自己多点耐心去尝试，清楚自己需要什么，只有这样我才能有机会钓到鱼。我想大多数垂钓者都和我一样。

要领其实很简单。学会正确握竿：不要太紧，拇指顶着软木把的顶端握住。当然，还有其他握竿方法，但在尝试其他方法之前，最好先掌握这个。

身体的平衡也很重要，抛线手臂一侧的脚要稍稍前伸到和腿、手臂在同一平面。惯用右手的初学者应该右脚向前伸——反手抛线除外，若有大风从右侧吹来，应该改为左手抛线。在这种情况下，向前伸出的便是左脚。

最后，要记住的是过头抛的动作和在垂直的木头上钉钉子的动作特别像：是手臂发力而不是腰部，这样更加省力。手臂过度后倾不仅会浪费你的精力还会消减鱼竿的作用力。过头抛的全部弧度应为90度：鱼竿的起始位置是在9点钟方向，完全举起的位置是在12点钟方向，然后降到10点钟方向，鱼竿随着抛出的鱼线逐渐降低。

过头抛是一种相对简单的动作，而且一次成功的抛线对能否钓得上鱼起着决定性的作用。尽管你可能需要专业的指导才能掌握这项技术，但在看书且没有鱼竿的情况下，你可以先试着摆个姿势看看。

将你的右肘贴近身体（如果你习惯使用左手，

那么就用你的左肘），将前臂伸到9点钟方向，伸出食指，将手抬起直到手指触摸到到耳朵上方（你必须能用余光看到你的手）。

保持这个手势，想象一条直线在你身后，此时需要你继续想象，将手降到10点钟方向，然后慢慢放下直到你正指着奇迹般出现在你面前的假饵，假饵正好落在了一条5公斤鳟鱼的鼻子上方。

滚竿抛法也不难，尽管经过发展也已衍生出其他几种相对复杂、需要多加练习的抛竿方法，但是滚竿抛法其实本身并不难。将鱼竿向外摆动，然后回到大约2点钟方向（直到鱼线向下悬成一个D的形状），然后潇洒地向前摆动到大约11点钟方向，停在那里，此时鱼线差不多"滚"落在水面上。这种方法适用于狭窄的空间，但不如过头抛那样容易操作。

这会引出另外一个小题外话。对于完美抛出飞线的一个错误认知：在野外河流中能抛出20米或者更远距离，让鱼饵坠入一块不及5分硬币那么大的目标上。这不只是实践、技巧、技术天赋及明智地选择合适的装备等问题，这需要的是天时地利。这包含了所有，同时也包含了优雅与美丽。这极好地让人意识到，无论这个世界持续多久，都不可能在相同的条件或确切的情况下以相同的方式再现一个完美时刻。

我曾送给我在钓鱼的旅程中认识的一位朋友布莱恩·特纳（Brian Turner）一首诗，这首试解释了我是如何对待钓鱼过程中不寻常的一面，为达到目的，为我有时荒唐的失败做辩解：

《错误的乐趣》
认为无人会在完美地抛掷鱼线上
犯错误
是一种错误的想法

微风起了

How to Catch a fish　如何钓鱼

（混合着空气的味道

诡异的灯光

偏离了飞行轨道的鸟儿

飘落的树叶

河流力量的牵引

拉扯着小腿

头脑中所有已知可能性的平衡

行星在其轴线上的倾斜

肌肉中的肾上腺素

起到一点点作用

将鱼竿的投放

和骨头的感应协调一致

像个弹弓，因神经和肌肉

而摔倒）

完全弄错了

假饵抛掷的

方法和方向

只有从错误中

我们才能看到事物的意义

因为我们所犯的错误

是增长知识

培养直觉的源泉

使异常

显得自然

美好的东西是通过将事物搞砸的艺术中

习得到的

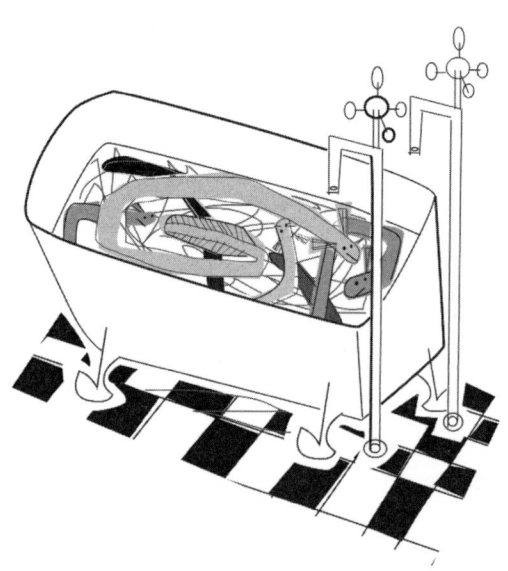

来自琼斯少校池塘的教训

我恐怕要在这里停一会,重提我在本书开头所给出的警告。

几年前,我和妻子一起开车从奥克兰到惠灵顿,我们打破了旅程计划,暂住在汤加里罗河附近的一家钓鱼俱乐部的小屋里,靠近图朗伊。第二天早上5点还不到,我便去了一个曾经很有名、但如今已被洪水改变了样貌的池塘,该池塘是以琼斯少校的名字命名的,据说他曾经很爱在这里钓鱼,收获颇丰。

只有我一人在这里钓鱼,所以我在鱼钩上系了一个加重的若虫鱼饵,先从池底开始,慢慢地上升。那天早晨雾蒙蒙的,光线很差,很难看清楚塑料浮漂(这种东西在当时是合法的,但如今已被禁止使用），我啥也没动，最终，我来到池塘的顶端，立即有一条鱼出现了，这条鱼似乎并不是要吃落在水面上的诱饵，而是打算将其拉走，好像是在检查引起水面波动的原因。

我将若虫鱼饵抛到鱼的前面，但什么都没发生。随后另一条鱼出现了，一条接着一条。我将若虫鱼饵换成了干饵，在鱼儿没有注意时将其抛在了水面上。换了饵料后，越来越多的鱼冒了出来。因为太过激动，我犯了不管是最好的还是最差的垂钓者都会出现的失误：我把抛掷鱼线这一环节弄糟了，使得鱼线和导线缠绕在了一起。

我十分恼怒，把饵料拿了下来，随手将导线放在水流中，开始解鱼线。最后，整条线都解开了，我顺着水流将鱼线重新系好。就在这时，一条可爱的棕色鳟鱼从我手边猛地撞上了鱼竿。它从池边的浅水处蹦跶出来，然后仓皇逃窜。这条鱼游进了水深没不过它身体的浅滩中，追捕一只它的同伴都没有注意到的假饵。最后把自己给钩住了。

没有哪种经历会比这更让一个垂钓者感到荒谬的,在你已整装待发,想要使出浑身解数钓到一条鱼时,却被一条自杀的疯子给抢了镜。

我绕起钓线,对着这条鱼吐露了一下心声,便把它放了。在河流上游的其他人会得到一个他们永远都不会忘记的教训。似乎有些鱼是不会简单地束手就擒的,因为它们一直在为作茧自缚努力地另辟蹊径。这违背了所有本能和似是而非的理由,可以在这个井然有序的宇宙中摧毁你的信念。或许最好的办法是假装什么都没有发生过。

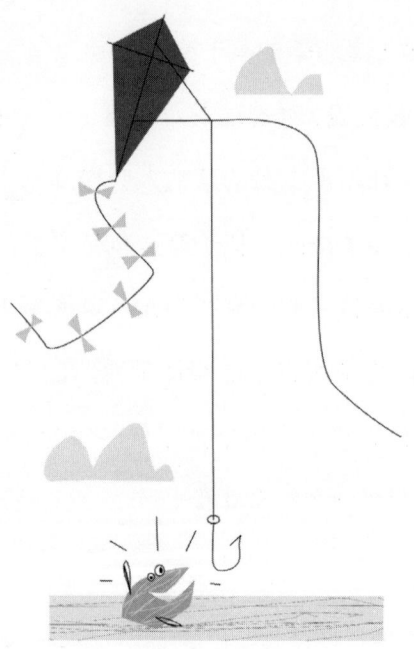

如何钓鱼，讲真

用网捕鱼是最有效的捕鱼方法。网越大，捕到的鱼就越多。用渔网，你可以将任何一条河流内的鱼都捕完——对于在大海里捕鱼也一样。事实上，你在海里会偶尔捕到一些你并不想要的其他生物，或者是一些政府禁止捕捞的。如今的大渔网是不分大小的，因此会造成许多浪费。

一些渔网会由拖网渔船根据锁定的鱼类目标被投放到大海的不同深处。由此而产生的环境成本从不会被计入个人的收支表里。例如，在海里较深处拖行的网会对海床造成巨大、持久的伤害。

但另外有一种网，虽不太容易被发现，但也同样具有很大的破坏性。这种杂乱的毁灭性杀手，有着几百公里的单纤维丝，如同给我们的海洋装上了

How to Catch a fish 如何钓鱼

帷幕。只需再过几十年,漂网的使用可能导致大部分鱼类从我们的餐桌上消失,因为它们对许许多多的迁徙鱼类和静水鱼类的掠夺是非常有效而又庞大的,世界上许多最优质的鱼类将很快就会跌破可持续生长点。

现代商业化的延绳钓线也是一种非凡的发明。它可以放出数公里的鱼线和鱼钩,漂洋过海抓捕那些逃脱渔网之劫的鱼儿,以及类似信天翁一类的海鸟。

钓鱼会涉及一些道德问题,但是很少有人会花时间思考,尽管我们很快就得被迫思考这些问题。我们大肆掠夺,没有为今后做打算。我们在无情捕捉这些鱼类并杀掉一部分来食用时,几乎懒得去弄清楚物种之间的平衡和相互依存的关系。在你坐下来享用下一顿鱼肉大餐之前,应该读一下查尔斯·克洛弗的一本叫作《鱼线的终结:过度捕鱼是如何改变世界和我们的饮食的》(*The End of the*

Line: How Over-Fishing is Changing the World and What We Eat)的书,这样你就会知道,因为我们的贪婪和愚蠢,毁灭了许多鱼类。这本书内容详尽,写得很好,完全颠覆了我们以前的想法。

当然,要在大海中使用渔网,你需要一艘或者一队拖网渔船,但并不是人人都有拖网渔船的,所以设计出的替代品层出不穷,花样繁多。

还有一种小渔网。记得我小时候,父亲有一张大约20米长的小网,在塔卡普纳海域,这张网总被用来捕捉我们钓鱼所需的所有诱饵。我们会把顶部带有软木塞,底部有一些小铅坠的渔网绑在小艇的船尾处,这样我们在以一个大的半圆轨迹沿着海岸划船时,渔网便充分展开。小艇绕完整个半圆弧后,我们其余的人(包括在这附近玩耍或游泳的孩子)就会紧紧抓住网尾附近的绳子或者抓住尽头的绳子,把所有的东西都拖出大海,堆在沙滩上。银色的小鱼在网中蹦跶着,闪闪发光,我们会捡上一桶

How to Catch a fish 如何钓鱼

这样的小鱼,第二天去往海峡钓鱼时就有足够的鱼饵啦。

除此之外,我们常常还能获得一打或者两打的绿鳍鱼作为额外收获。这种美丽透亮、有着剑形吻部的鱼是大海中最美味的鱼之一。我们通常一回到家就把这些鱼吃了,做法一直都没有变过:快速划开腹部,用拇指挤出内脏,随后用一个空的啤酒瓶沿着鱼身用力滚动(为了把鱼肉磨碎,这样在烹饪的时候鱼肉就能完全从骨头上剥落下来),然后将鱼直接放进烧热的,涂满黄油的煎锅内。半分钟后,鱼肉就会由之前的半透明变成乳白色,这时将鱼翻过来,快速煎炸另一面直至变色,然后放在热土司上。简直太美味了。有时,以防绿鳍鱼逃跑,我们会在下网时也带上煎锅和黄油,用漂流木在岸边临时搭一个火堆,因为这些鱼直接从海里进到我们的嘴里,所以味道特别地鲜美。

在城市海滨,饵料网就不那么常见了。那里人太多，规矩也多，而且污染较严重。但是在偏远的地方，你还是能见到它们的，有些人还会用它们来捕捉长有软腭的狡猾的鲻鱼。

鱼叉是另外一种如今不常见的捕鱼工具，但是我家还有一个漂亮的石首鱼鱼叉，那是我父亲小时候用的。他大部分时候都是在怀特玛塔港附近捕鱼，一个类似考克斯湾的地方，在那儿，经常能在码头、舢板棚和泊船处看到石首鱼的身影。鱼叉大概有1米长，准确地判断从哪儿下手是需要很大的技巧的，因为还要考虑水的折射，父亲曾对我说过，捕捉那些曾被鱼叉叉过的鱼需要费更大的力气。

父亲说令他印象最深刻的鱼叉捕鱼是有一天他的大哥拿着鱼叉在海滩上嬉戏。他像扔标枪一样把它扔向空中，然后落下，除了其中一个名为乔治的，我父亲和他的其他几个弟兄都四散逃开，他呆呆地站在下落的鱼叉下面。鱼叉虽没击中他的头部和身体，但落在地面上时却刺中了他的脚，必须将尖头的倒钩锯掉,他才能移动。虽然没有伤到骨头,但是连续好几个月乔治都只能一瘸一拐地走路。

我们唯一一个真正有用的鱼叉是一个带有倒钩的用来抓比目鱼的三叉戟。奥克兰浅滩弯的浅水海域曾经有很多比目鱼,每当晚潮过后海面平静之后,常常能看到大约一打的平底船,渔夫们都手握三叉戟在矿灯的亮光下仔细地搜寻,时刻准备着刺向缓慢游行的鱼。那段日子,当地几乎所有比目鱼身上都有被鱼叉刺过的伤口。

带着呼吸管和潜水呼吸机的水下猎鱼是现代人对鱼叉捕鱼的旧形式的一种发展,尽管人类伪装成一条鱼去抓另外一条鱼或许很有可能会实现,但是也需要特别的装备和培训,而且这种方法在时间和深度上的局限性赋予了它强烈而特别的吸引力。

投钓和拖钓

我已提到过在船上、码头或礁石上使用的钓竿或手线垂钓,然而,随着钓竿、绕线轮和钓线工艺的改进,也出现了一些其他流行的形式。在我看来,激浪投钓虽然很令人惊叹,但捕获量不足且过度讲究运动技巧,用这种方式挣得晚餐未免太劳师动众。但是,对于那些选择向海里投掷钓线的人而言,也是一种奖赏。要想鱼钩越过激浪,投掷在鱼似乎可能潜伏的地方,这需要良好的设备、丰富的经验,且要掌握一些当地知识。一种被称为风筝钓鱼的新形式堪称一绝,风筝钓鱼法就是凭借风筝带着鱼线巧妙地飞跃碎浪之上,然后有技巧地释放鱼钩。我很少亲眼见到用这种方法能捕到鱼儿,但在一些照片中却看到过一些令人难以置信的收获。

拖钓，即在水中拖放诱饵，这种方法也曾流行一时。这是一种最为休闲的一种捕鱼方式，其优势在于缓慢的运动方式。这使那些并不是真正热爱钓鱼的人们可以在阅读一本书，或在享受日光浴的同时，假装爱好这项活动。

在我小时候，拖钓是一件特别费力的事情，因为拖钓通常需要向不同的方向滑动笨重的小舢板，因为当时舷外发动机还不常见，也不可靠，而且大型钓鱼比赛是禁止使用带发动机的船的。如今，无论何时当你看到一群塘鹅或其他海鸟在一个备受欢迎的钓鱼点盘旋、潜水时，都可以确信那里有石首鱼、海鲂鱼，可能还有金枪鱼，在围捕、吞食小鱼，同时，现代的汽艇可以在你与猎物搏斗时轻松地带动鱼线来回摆动。

在内陆湖，拖钓已成为一种备受欢迎的消遣方式，同样也是能够作为家庭休闲娱乐活动的一种为数不多的钓鱼形式。经常能看到爸爸、妈妈和孩子们一整天都待在船上，在船尾悬挂几根钓竿，船只慢慢地在水面上蜿蜒前行。谈不上什么技巧，唯一的乐趣也就是躺在那里，看天上云卷云舒，悠然自得，但这种方式显然能够使家庭团聚，船上形成了一个小社会，因为人们无处可去。作为奖赏，参与者们可以尽享三明治和茶点。

如果你雇了一位导游去陶波湖拖钓，一些商家会保证至少能钓到一条鱼，他们使用一些特别的设备，以确保兑现承诺。铅芯线、钢线和精心设计的深度装置意味着鱼儿几乎没有逃脱的机会。

与这种悠闲、催眠、可抗拒的捕鱼方式相比，拽钓稍微高级一些，它也是我曾经使用过的方法中最有效率且最具破坏性的一种。你只需要将飞线挂在船上，将带有羽毛的大诱饵系在子线上，在可能有鱼的水域缓慢拖动。我已经用这种方法捕获过数条5公斤左右的大鳟鱼，它们在距离诱饵20米远的地方，快速前进，发动攻击，几乎展现了雄性动物进攻中凶猛的一面。然而，此方法的缺点是尼龙导线过重，而且为了更具欺骗性，就要将诱饵不停打转，这样的话，不一会儿导线就会相互缠绕，打结，需要更换了。

爱尔兰常有的另一种拖钓法，即将鱼饵轻点水面，我认为这种方法也存在于北美的一些地方。这种钓法还是有一点点技术含量的，而且对有耐心的钓者来说，可谓趣味横生，当然对于钓饵来说可就是了无生趣了。一些爱尔兰纯粹主义者以使用蜉蝣形假饵来诱骗他们的猎物而闻名，但果真如此，我还从来没有见过。我遇到所有的点钓爱好者总是在日出之后开始到处亲手捕捉蜉蝣，捕到之后放入备用的火柴盒内，趁它们还活着，并且还在挣扎的时候，用16号或18号钩子从它们的胸膛穿过。

这些非常活跃的诱饵一心想要越过水面带着钩子逃离钓竿，通常可以越过6米甚至更长的距离。通过如此长的距离控制鱼线是一个主要问题，并且为了防止它突然在水面上落下或沉入水中，会为它绑上一条细丝线，这有点像为了使船顺畅地前行所用到的一种鼓起的帆。

这有点像蚯蚓钓，在你十分饥饿的情况下，这是一个相当有效的捕食方法，但它无法取代用假蝇钓鱼的雅趣和挫败感，两者几乎不能相提并论。然而，不得不承认的是这两者各有所长，而蚯蚓钓胜在它丰富多彩的视觉效应。当一条平底船上满载渔夫、渔妇和孩子们，他们站在那里，手执奇形怪状的钓竿和钓线，顺着微风飘荡，也很值得一看了。船在细浪上摇摇晃晃的行进，他们中大多数不会游泳，都没有救生衣，但翻船、溺水的情况不多。

一定程度上点钓法的另外一个优点就是，一到季节，成千上万的蜉蝣，能吸引懒散、凶残、在底层捕食的庞然大物——深褐鳟鱼，浮到水面上来。但因为不宜食用，它只能用于填充战利品的橱柜，或

How to Catch a fish 如何钓鱼

装饰娱乐冠军的墙壁。我所见过最大的就是一个8公斤多的怪物，它看起来不像鳟鱼，而像腔棘鱼，或许更像那些我们幼年时曾玩耍的老式的充气皮革足球，由于经常被踢，因此严重变形，看起来好似经历了奇人怪物并到了癌晚期。

然而，我不得不承认的是在反对点钓法的理由中有几点是能说的通的。虽然，我得承认老式分节鱼竿外形比较美观，但使用的效果却不尽如人意，甚至有时使用方式还会有些难看。在点钓上花费时间是一件无聊的事情。另外一个反对的理由是，看着蜉蝣一生中的大部分时间都是在鱼钩上蠕动、挣扎让人不忍心再次下手——毕竟，这个可怜的生物能够享受的生活时间只有一天。

不幸的是将此习以为常的钓者在诱饵上绝不会受到人们这番思虑的干扰。大多数人并非是被迫看到这令人厌恶的一幕的，极具天赋的点钓者只顾忙着手头的事。毕竟，他们可以舒适、安全地坐在船上或河岸上,看着波浪上的漂流物或冒起的塑料泡,没有义务注意视线之外在水面上苦于痉挛而挣扎的蜉蝣。

我应该补充一点,对于这类事情我不会过于嘲讽。这个世界充斥着各种各样的残害和残忍地杀戮,一种物种服务于另一种物种。与我而言,似乎有更多迫切的事情需要去关注。只是因为我不喜欢与那些作恶太多的人混为一谈。

最后的思考

我最好的早餐是在爱尔兰吃的。朋友尼尔和我去那里度假,还有一个名叫文森特·肯尼迪的(爱尔兰民间传说中的)小妖精。我们早早起来,出去游湖。尼尔抓住了一条可爱的鳟鱼,文森特钓上一条肥硕的鲈鱼,我钓了1公斤的梭子鱼,大小正适合吃。我们把它们带回来焗着吃,现在我还记得它们的味道。正如文森特所说:"即使是爱尔兰古代的国王也不可能吃得比这更好了。"

我们的"受害者"鱼儿都是用传统钓法钓上来的,但的确需要承认的是杀鱼还有一些其他巧妙的方法,有利用马儿让它们在河里惊慌逃窜到铁丝网陷阱里的,也有使用十分无效且可耻的葛里炸药,但是我不把这些活动归为真正意义上的捕鱼,因为大多数钓鱼者还会将该词定义成一种十分重要的可能性,那就是放生。

上等的鳟鱼有着令人惊叹的美丽,逆流而上,一条鱼被钓上来,然而被"捕"之后,还被允许休息,这是整个大自然中神奇的时刻。有几秒钟,你对动物摆脱钓钩之时的慰藉感同身受,之后它便尝试着从你的手中滑落来获取逃生的机会,最终它使出浑身解数灵活地冲回河流中,让人猝不及防。

当你看到鱼儿被放,很容易就没了捕鱼时的欢喜之情,却有了人类解放的观念,但也正是有着这样经历的捕鱼者——实际上,他们很大程度上关注的是钓鱼这项活动本身。你会感到身体受益,并拓宽了精神世界。那么,你已经接触到简单、基本却神秘的能量。你触碰到了一些人称为"生命力",或另一些人称为"创造性行为"的东西。

有时候你感到脊椎上的颤抖,偶尔你可能突然无意识地环顾四周,因为你已被空气中神秘的亲密感吓了一跳,好像你正在被监视一样——好像岩石和天空长了眼睛,可以注视着你,整个矿物世界、风、天空和云彩都在揭示一个秘密,即有生命的存在。

这正是我们在诗歌往往试图抓住的时刻,这样便可以培养我们的敬畏之感,其他人便可以分享我们的欢愉。有时,我们的生存规则被一些"卷入"大自然的简单行为所打破,这也许正是允许自然提醒我们,我们是自然界不可分割的一部分。

《小池》

在小溪的凹凸处,
或在杨柳间的空地旁
溪流澄碧,或在
湖边的泥泞处

鹅卵石涌进

How to 如何钓鱼
Catch a fish

芦苇的凹陷处,深陷迷宫

满是岩石、根茎,鳟鱼国王

直面黑暗

水缓缓流动

然而有时,在快乐的日子里,

在夕阳的余晖下

水面波光粼粼,柔和、朦胧,

年老的鳟鱼从底处蹿出

水花四溅

在视野的边缘

银光闪闪

刹那间,你明白

看到的不仅是光环。

鳟鱼国王

翻转世界,当他

在空中飞过,你突然发现是
在河流带来的瘀伤(湖泊的撞击)
和狂热地追求自由,是
在疯狂地打破规则。

写到这里,我觉得关于这个话题没有更多要说的了。你在水面上放下钓线。你看到肥胖的鳟鱼移向假蝇。在它决定这是否能吃时,就已张口并将其吞入口中。为了确保你不会过早地猛拉钓钩,从鳟鱼的嘴里拽出假蝇,你默念古老的格言"把握今天"(如果想要大声说出,并认为有人可能在听的话,那就是"及时行乐")。

然后,你提起钓竿,将钓钩完美地卡入其颌骨会合的角落。鳟鱼浮出水面。你拉动钓线而致其筋疲力尽,落入网中。然后用湿冷的手抓住鳟鱼,以免伤到它的鳃或擦掉太多保护其鳞片的黏液。你取下钓钩。然后,把上等的鳟鱼放回河里,使它重回它所统治的世界。你眨着眼睛,好像什么都没有发生。现在鳟鱼只存在于你的记忆和想象之中。这通常是最完美的方式。没有办法可以将其紧握不放,虽然你的确可以把握今天,但是高尚的时刻已经从你的指间滑过。